HÁGASE *un* FAVOR

AME *a su* ESPOSA

Dr. H. PAGE WILLIAMS

PATMOS

Hágase un favor: Ame a su esposa

Publicado por Editorial Patmos,
Miami, FL. 33169

Publicado originalmente en inglés Bridge-Logos, Alachua, Florida 32615 USA con el título Do Yourself A Favor: Love Your Wife

Traducido por Roberto Cabrera
Edición por Gisela Sawin
Diseño de portada e interior por Adrián Romano

ISBN: 978-1-58802-800-6
eBook: 978-1-58802-920-1

Categoría: Vida cristiana/Matrimonio

Impreso en Brasil | *Printed in Brazil*

DEDICATORIA

A mi esposa Patti, y a nuestros hijos, Perry y Plythe, quienes me han dado el gozo de ser esposo y padre para la gloria de Dios.

ÍNDICE

PREFACIO

Una pregunta legítima en la mente de la mayoría de los hombres que se disponen a leer un libro de esta naturaleza es: "¿Cuáles son sus credenciales?". Mis credenciales vienen de la verdad de la Palabra de Dios, enseñadas personalmente por su Espíritu en quince años de ministerio y dieciocho de glorioso matrimonio. Dios ha puesto en mi corazón un mensaje para cada hogar, porque veo muchos hombres y mujeres abatidos, que no saben cómo manejar sus problemas caseros y buscan sobrevivir de formas muy falsas. He escrito este libro a partir del discernimiento espiritual que Dios me ha dado, para que sirva como manual para el matrimonio.

H.P.W.

1

CARIÑO, ¿HAY ALGÚN PROBLEMA?

La puerta del dormitorio se cierra de golpe y Fred escucha a su esposa bajar la escalera muy fuerte. Él está pegado a la televisión. Al tiempo que mira al equipo de fútbol americano de los Miami Dolphins amontonarse, rápidamente abre la puerta y sus oídos captan el ruido de cacerolas y sartenes que viene de la cocina.

Logran una "primera y diez", pero hay un pañuelo en el campo.

"¡Rayos!", piensa.

Fred toma un trago de cerveza y agarra unas galletas saladas, mientras grita: "¡Susie, baja a la cocina y pregúntale a tu madre si hay algún problema!".

Los Miami Dolphins piden un "descanso" cuando restan treinta segundos en el reloj, van empatados. El "mariscal de campo" trota hacia la banda. Susie arrastra su muñeca Miss Beasley por las escaleras. Los anteojos de carey se caen de la cara de la muñeca hasta el primer escalón. Mientras la puerta de la cocina se abre, Susie le dice a su madre: "Papá quiere saber si hay algún problema".

—¡Eso es típico, es típico! —exclama su madre, con un tono agudo en la voz mientras se deja caer disgustada sobre una silla de la cocina.

Susie sale corriendo de regreso a la escalera, y mientras arrastra la muñeca cruzando de la puerta de su cuarto, su padre grita: "Susie... ¿qué dijo?".

"Está feliz, súper feliz", responde Susie mientras observa la fugaz expresión confusa de su padre, antes de que se dé la vuelta para mirar la televisión otra vez.

El "¡ala derecha atrapa la bomba del mariscal de campo y sale disparado hacia la línea de banda!", grita el comentarista, mientras la superestrella cae para hacer el "¡touchdown!".

De alguna forma, el padre escucha el llanto de su hijo bebé desde la otra habitación por sobre el tumultuoso ruido de la televisión. Piensa: "¿Por qué rayos no hace nada la madre de ese bebé?". Y agarra otra galleta salada.

Un amigo mío llegó a casa desde su oficina para encontrar a su mujer empacando calladamente su valija. "Cielo, ¿hay algún problema?", preguntó. "Te estoy dejando, Harry", respondió ella. "Ya soporté todo lo que podía. No quiero discutirlo, así que déjame en paz". Harry no podía creer lo que estaba sucediendo. Habían estado casados por cinco años y tenían lo que él creía que era un matrimonio maravilloso. Su esposa rara vez se había quejado y la mayor parte del tiempo era la esposa devota que él quería que ella fuese.

Observé a otra pareja en un período de meses darse cuenta que algo no estaba precisamente bien en su relación. Por un lado, la mujer seguía adulando a su esposo, diciendo lo maravilloso que era, cuan buen proveedor y padre era y que nunca tenían problemas. Pero al mismo tiempo, yo podía ver señales de resentimiento y amargura en la manera en que interactuaban entre ellos.

Cuando un esposo o esposa trata de asegurar que todo está bien y que no hay ningún problema en casa, es una trampa. Están tratando de cubrir la verdad que no están dispuestos a enfrentar o con algo que no quieren lidiar. Resultó que esta mujer fantaseaba mucho con otro hombre casado y estaba tratando de encubrirlo al halagar a su esposo. Lo amaba en realidad; pero se había deslizado hacia una fantasía dañina sin darse cuenta. Después de discutir el asunto, decidimos que su esposo se enterara, y cuando ella le indicó que estaba inmersa en una aventura, él dijo: "Cielo, ¿hay algún problema?".

Ciertamente, había muchos errores de su parte. En realidad, él fue quien dejó que sucediese. Nunca sintió que alguien más podría interesarse en su esposa. La implicación era que nadie más la tendría. Ella ansiaba afecto y atención tan desesperadamente que cuando los halló en alguien diferente que su esposo, no fue capaz de desecharlo ni tampoco quiso, porque la atención y el afecto son algo que toda esposa necesita.

Si el esposo dado por Dios a una mujer falla en proveer para sus necesidades, las consecuencias a menudo son críticas. Esta esposa en particular plagada de sentimientos de culpa, heridas, amargura, resentimiento, temor, ira —el paquete completo—, todo porque su esposo no estaba dispuesto, o quizá no era capaz, de mostrarle su amor.

Tal vez usted sea un hombre que tiene voz suave y nunca se molesta, nunca se enoja, siempre trata de lidiar con los asuntos familiares en un nivel discreto, intelectual. Cuando las cosas se le van de las manos y las estropea, usted, el hombre noble, siempre puede juntar a la familia y decir: "Muy bien, ¿quién de ustedes lo hizo?", sin nunca darse cuenta que usted es el que lo hizo, y que la culpa es toda suya.

Por ejemplo, hay una explosión de temperamento. La esposa aguanta lo que puede y entonces comienza a arrojar cosas a su alrededor, que se destrozan y rompen. Usted llega con esa actitud de "valgo mucho más que esto" y la hace sentir que está fuera de sí, como si fuera una psicópata. Nunca se detiene a pensar por qué ella hace eso, por qué se molesta tanto. Tal vez sea solamente para llamar su atención. Ha sido totalmente ajeno a ella y a los niños, vive en su propio mundo privado. Ah, pero es un buen hombre, sí. Va a la iglesia; no derrocha el dinero; no habla mal de su suegra y se mantiene fuera de problemas. Pero no hace nada creativo o emocionante en la casa. Rara vez elogia a su esposa o a los niños o algo que su familia haga. No juega con los niños; no demuestra mucho amor tierno y afecto hacia su esposa. Se comporta en su propio modo despreocupado, torpe y sentimentalista, mientras su familia simplemente se desvanece a un segundo plano.

Estoy hablando de la realidad y es un asunto serio; si usted se cree superior y piensa que es muy bueno y no se percata de que su falla en involucrarse con los asuntos de su familia es un asunto serio, esto es pecado. Podría no saber lo que sucede en su propio hogar e importarle un bledo. Por ejemplo, los niños necesitan zapatos nuevos para la escuela. "¿Y qué? Eso es problema de mi esposa", piensa. Su hijo tiene cita con el dentista el próximo viernes a las cuatro en punto. "¿Y qué? Mi esposa se puede ocupar de eso; no necesito saber de ello".

Su hija tiene clases de piano cada martes por la tarde, después de la escuela. "No necesito saber eso", piensa usted. La tía Matilda viene a visitarlos la próxima semana y existe el problema de en dónde dormirá. "Ese no es mi problema; es responsabilidad de mi esposa", razona. El perro necesita su vacuna antirrábica. "Que mi esposa se haga cargo de los detalles", dice.

El hijo del vecino sigue viniendo a horas raras y causa problemas. "Me encargaré de eso después de ver este partido de fútbol", responde.

La pareja que vive en la misma calle tiene fiestas ruidosas y su esposa quiere saber qué hará usted al respecto. "No puede uno ir a invadir la privacidad de la gente". Ese es su pretexto esta vez. "Ya, déjalo pasar, soy amante de la paz".

Su esposa va a ir al hospital para una cirugía. "¿Y por qué tengo yo que tomar previsiones respecto de los niños? Que ella lo haga antes de irse, o haré que mi mamá se haga cargo del problema", es su respuesta.

El quemador izquierdo de la estufa no funciona adecuadamente. "Los sábados son mis días de descanso, que mi esposa llame a alguien para que venga a arreglarlo".

Uno de los niños vio un insecto en la habitación y pensó que parecía una termita. "Luego lo veo. ¿No ves que ahora estoy leyendo el periódico?". Hay un foco fundido en el comedor. "Cielo, ¿no puedes hacer nada aquí?". El chico del diario arrojó el periódico al techo hace tres semanas, y aún está ahí. "Me subiré la próxima semana, pero ahora tengo que ver el *Super Bowl*".

Le pregunté a una esposa qué estaba haciendo su esposo que le provocaba querer abandonarlo, y su respuesta fue: "Nada".

Lo anterior es todo aquello en lo que los hombres fallan como cabezas del hogar y que tiene a sus familias hechas un desastre, y no tanto lo que hacen. Una razón por la que los hombres han perdido el respeto de sus familias es que se han convertido en espectadores de la situación familiar. Pregunté a un niñito qué hacía su padre, tratando de saber cuál era su ocupación, y el niño contestó:

"Mira".

"¿Te refieres a que es un vigilante?" —pregunté.

"¡Ah no!". —exclamó el niñito— "Sólo mira".

"Bueno, ¿y qué es lo que mira?". —le pregunté.

"No sé si pueda decirle todo" —continuó— "pero puedo decir algunas cosas".

"Bueno, dime" —respondí.

"Mira la televisión; mira a mi mamá hacer los quehaceres, mira el periódico; mira el clima, y creo que también mira chicas", dijo, con una sonrisa pícara en el rostro. "Mira el mercado de valores, los partidos de fútbol, todos los deportes. Mira cuando mi mamá nos da nalgadas, y nos mira hacer nuestra tarea. Nos mira cuando nos vamos a la iglesia y a la Asociación de Padres de Familia, y de compras. Mira a mi hermano podar el césped, y me mira cuando rastrillo las hojas del jardín. Mira a mi hermana cuando lava los platos sucios, y me mira cuando baño al perro. Mira a mi mamá escribir cartas, y me mira jugar con mi perro. Mira a mi mamá pagar las cuentas. Me mira mucho, pero principalmente, solo mira", dijo el hombrecito, con un dejo de tristeza en su voz.

Este padre, y miles como él, han contraído una enfermedad contagiosa que yo llamo "espectadoritis". Toma muchas formas. Permítame ilustrarlo: El Sr. Brown ha estado casado por más de quince años. Tiene un trabajo de responsabilidad; tres hijos, una casa, y una esposa muy talentosa. Se levanta por la mañana y comienza a importunar a si hijo de catorce años con algo como esto: "Oye, Bill, ¿por qué dejaste ayer la podadora afuera toda la noche? ¿No puedes hacer nada bien?".

El hijo responde: "Ya vas a empezar otra vez, ¿no es así?".

"Pues tienes toda la maldita razón. El problema con ustedes, los chicos de hoy, es que nunca quieren hacer nada. Yo trabajo como mula día y noche para que tengan todo esto, y ni siquiera quieren ayudar".

"El teléfono sonó y olvidé que la podadora se quedó afuera, lo siento", dice Bill, retirándose de la mesa del desayuno con el estómago hecho nudo.

"¡Y no lo olvides!", grita el señor Brown mientras Bill se aleja por el pasillo, "¡quiero ese cabello cortado antes de que se termine esta semana!". Sus mandíbulas fuertemente tensas reflejan su furia interior. Apenas comenzó, pero el día ya está arruinado.

Este padre tiene la idea equivocada de que ganarse la vida es la más importante de sus responsabilidades en la casa y que todos los demás deben inclinarse y ser serviles cuando él llega luego de un largo y arduo día. Piensa que es el único que tiene verdaderos problemas, sin sospechar que cada miembro de la familia tiene sus propias necesidades y dice: "No le desearía a nadie mis problemas", indicando que cree que está bajo la mayor presión de todos. Nunca se detiene a pensar en la agonía por la que atraviesa su hijo al tratar de crecer y convertirse en adulto, y necesitando desesperadamente consejo, comprensión y guía, en vez del rechazo, la crítica, los regaños y las quejas que su padre reparte en abundancia.

Este señor Brown observa como halcón cualquier evidencia adicional de su sospecha de que todos en su casa tratan de zafarse de hacer su trabajo, y luego busca cada oportunidad de señalar los errores, las equivocaciones y la pereza de cada miembro de la familia. Por otro lado, nunca observa las oportunidades de ser servicial y útil cuando andan de capa caída. Nunca intenta entrar en su mundo para descubrir sus sentimientos, sus complejos, sus sueños, sus éxitos, lo que les gusta y lo que les disgusta. Este padre podrá realmente ser una bendición para su hijo si se esforzara en descubrir lo que se siente tener catorce años, cuáles son los problemas particulares de su hijo, y qué puede hacer él para ayudarle a analizarlos detalladamente. ¿Cómo manejaba su padre esos problemas cuando él tenía esa edad y que fue lo que sintió?

Yo descubro muchas pistas de los padres e hijos que me dicen que su padre nunca busca oportunidades para hablar con su hijo. El hijo del señor Brown naturalmente está lleno de hostilidad. Está enojado, resentido y es rebelde; pero su padre piensa que es únicamente porque el chico es perezoso o un bueno para nada. El niño está clamando por el amor de su padre; pero su padre está tan lleno de narcisismo que no tiene amor para su hijo o para cualquier otro miembro de la familia, excepto tal vez alguno que ha elegido como el favorito. Veo que esto ocurre muy a menudo. El padre y uno de los hijos tienen algo entre ellos, y el padre dice: "Este es el único del montón que vale algo". Luego señala a Bill y refunfuña: "Él es la oveja negra". Papá le ha dado tiempo, atención y halagos al hijo que se siente amado y, por lo tanto, responde con amor, mientras que ha criticado, importunado y criticado severamente a Bill. No es sorpresa que Bill esté celoso, sea inseguro, hostil y rebelde. Todo el tiempo el padre piensa que es por culpa del hijo o de la esposa.

Cuando la madre siente que Bill está siendo descuidado por su padre, ella lo respalda, y entonces se establece una relación nada saludable entre la madre y el hijo, causando que él se vuelva femenino. Esto enfurece al padre, quien ataca a Bill con mayor dureza, tratando de hacerlo hombre. Esto hace que la madre se enoje con el padre, y la mayor parte del tiempo ninguno de ellos sabe lo que está sucediendo. Todo lo que saben es que la casa es un infierno.

El señor Brown podría resolver fácilmente el problema al admitir que toda la dificultad se debe a su narcisismo y a su falta de amor por la familia. El señor Brown está tan enamorado de sí mismo que en su trabajo es el Señor Amabilidad, siempre sonriendo, siempre dando, siempre tratando a todos con especial atención.

Ha aprendido cómo ganar amigos y utilizar a la gente. Pero es un hombre diferente cuando entra a su casa, todo cambia. Es el

Señor Cascarrabias, el Señor Quisquilloso, el Señor Bocón, todo en uno. Su actitud es: "Maldita sea, este es mi dominio, y puedo hacer lo que me venga en gana. He tenido que soportar a mi jefe, mis clientes, mis compañeros de trabajo; y ahora lo que quiero será como yo lo quiera, soy el rey, así que los demás mejor cuídense. He tenido que soportar todo eso en mi trabajo y no voy a soportarlo en mi casa. Merezco algo de paz y tranquilidad, y para eso tengo una esposa. Se supone que esté callada, que tenga mi casa limpia, mis alimentos preparados, mi ropa lavada, mi casa en orden, a mis hijos educados, y mi diario listo para mí, mis pantuflas y mi pipa cuando llego a casa".

Tal esposo y padre no conoce el concepto del Nuevo Testamento acerca del amor sacrificial, de morir para vivir y de dar para obtener, de servir para ser servido, de perder para hallar. ¡Ah!, sí ha escuchado de eso, porque va a la iglesia cada domingo; pero nunca le ha entrado en la cabeza como algo por lo que se supone que un esposo y padre debe vivir. Sólo deja que entre por una oreja y salga por la otra, y sigue con su asunto de amarse a sí mismo, como siempre. La realidad de la santa Palabra de Dios nunca lo ha iluminado al punto de poder ver qué persona tan cruel y malvada es.

Veo muchos hogares que tienen problemas entre hombres que asisten a la iglesia. El problema resulta del hecho que los hombres que van a la iglesia a menudo se convierten en santurrones en su actitud. Sienten que ya cumplieron con su deber. Un joven asistía a la iglesia con la actitud de: "Le haré un favor a mi esposa al ir a iglesia con ella". Los servicios de la iglesia eran un poco largos, por lo que se demoraban en ir a casa para que él terminara de ver el final del clásico de golf, así que se enojó. Luego, toda la familia se perturbó a causa de su actitud de superioridad. Incluso si usted está haciendo lo correcto, muchas veces lo hace con la actitud equivocada. Como resultado, se enoja porque no le dejan hacer lo que le gusta, entonces usted mismo nulifica el bien que creyó que estaba haciendo.

Tal vez se ha comparado a usted mismo con el Señor Borracho, o el Señor Malvado, o el Señor Chusma, o el Señor Pobre, o el Señor Incrédulo. Comparado con ellos, usted es el Señor Sobriedad, Señor Bueno, Señor Joya, Señor Rico, o Señor Creyente. Al compararse a sí mismo con otros hombres inferiores, siempre puede hacer que su familia se sienta culpable, y a la vez erigir también su propio ego. Si se quejan de cualquier cosa que usted haga o no haga, usted puede salir con algo como: "¿Y si su padre fuera como el Señor Borracho?", "¿Y si yo fuera el Señor Pobre, y ustedes no pudieran tener todo esto?", "¿Qué tal si su padre no fuera a la iglesia, como el Señor Incrédulo?", y así hasta el cansancio.

Lo anterior son solo menciones que ilustran algunos matrimonios y hogares que están enfermos porque están atrapados en la epidemia de la "espectadoritis" del esposo-padre. La única cura conocida para este cáncer que se extiende por todo nuestro país es Jesucristo. Cuando nosotros, los hombres, nos volvemos verdaderamente hacia Cristo y nos llenamos de él, entonces se volverá el jefe residente en nuestro corazón. Entonces la sociedad regresará a la cordura, la seguridad y la salvación; nuestros hogares hallarán sanidad y ayuda, y tendremos el cielo, armonía y esperanza en este tiempo.

Bueno, si usted es un hombre normal y natural, ya habrá comenzado a protestar un poco hasta este punto y pensará en todas las extravagancias que tiene que soportar de su esposa. Pero estamos discutiendo acerca del hombre, y es nuestro deseo descubrir si hay algo que esté mal. Tan solo piense en este libro como un misterio que está intentando resolver: "¿Quién lo hizo? ¿Quién cometió el crimen?". Si se relaja, abre los ojos y escucha toda la evidencia, creo que encontrará ahí un sorpresivo —pero feliz— final para usted.

2

SEÑALES DE PELIGRO

Hay muchas pistas que las parejas dan cuando están experimentando problemas en casa. Cuando las señales del desacuerdo doméstico apuntan hacia caminos escabrosos y carreteras atestadas, nosotros los ministros sabemos que viene la colisión. Sin embargo, la mayoría de los hombres y muchas mujeres no están conscientes de las señales de peligro, o las ignoran, sin creer que van rumbo a un choque.

Aquí hay algunas de las pistas qué observar:

1. Cuando un miembro de la familia adula al otro, pero con un trasfondo de amargura.
2. Una pareja que utiliza una situación pública para derribarse mutuamente.
3. Un esposo que usa a su esposa como objeto de sus chistes.
4. Parejas que dicen que no tienen problemas o que nunca han tenido una pelea.
5. Un esposo que se refiere a su esposa con términos degradantes.

6. Cuando el esposo comienza a poner excusas para estar lejos de casa o simplemente se aleja sin pretexto alguno. Esto también se aplica a la esposa, incluso si está involucrada en muchas actividades útiles.
7. Cuando el esposo muestra poca atención hacia su esposa; cuando no le muestra la más simple cortesía o ternura.
8. Cuando un esposo rara vez ayuda con el mantenimiento de la casa.
9. Cuando constantemente hay riñas, irritación y críticas entre una pareja.
10. Cuando el esposo y la esposa trabajan, y él se va por su lado y ella por el suyo.
11. Parejas que no pueden hablar acerca de sus diferencias sin llegar a una discusión acalorada o pelea.
12. Cuando la pareja decide tener habitaciones separadas, y cuando tienen poco o ningún contacto físico.
13. Cuando se permite a los familiares políticos establecer reglas o hacer decisiones para un hombre y su familia.
14. Cuando el esposo arroja a su mujer la responsabilidad de tomar decisiones o incluso se la da porque ella la quiere.
15. Cuando los hijos no son bien portados y no tienen buenos modales.
16. Cuando usted percibe resentimiento de parte de los adolescentes hacia sus padres.
17. Cuando una pareja se muda a un vecindario superior a su ingreso o parece poner más énfasis en la aceptación social y las cosas materiales que en las necesidades espirituales de amor, humildad y adoración.
18. Cuando una pareja pasa todo su tiempo en toda actividad que se presente —incluyendo la iglesia— pero no toma el tiempo de estar el uno con el otro.

Éstas son únicamente algunas de las pistas que señalan áreas de la vida familiar con las que no se está tratando de forma satisfactoria y, por lo tanto, a la larga culminarán en separación o divorcio, incluso si tardasen cincuenta años en hacer erupción.

Percibí algunas de estas señales en una pareja hace algunos años y finalmente, una tarde de domingo, cuando la esposa ya no podía soportarlo más, comenzó a arrojar cosas por toda la casa, mientras los hijos y el marido miraban consternados, incapaces de creer lo que veían. Allí estaba la esposa de este hombre, que en otros momentos era genial, calmada y serena, teniendo un ataque. Él tuvo que sujetarla (finalmente ella había llamado su atención); luego dijo: "Cariño, ¿hay algún problema?". Por supuesto, había cientos de pequeñas cosas que se habían acumulado a través de los años, y finalmente, ella explotó. Si su esposo hubiera sido perspicaz, habría detectado esas pequeñas irritaciones y las hubiera resuelto cuando surgieron.

"Pero es humanamente imposible ser capaz de lidiar con una esposa y con todos los detalles pequeños. Yo trabajo todo el día y no puedo saber qué hacer para ayudarla o para evitar que tenga un colapso nervioso", dijo el esposo de la mujer cuando discutimos esto en mi oficina. "Tiene toda la razón", repliqué. "Por supuesto, solo con su propia fuerza, usted es incapaz de enfrentarlo, pero el Señor puede trabajar en usted para que sea espiritualmente sensible para ver lo que está mal. Sinceramente, por sí mismo, eso no es suficiente. Cuando estamos en tinieblas, necesitamos la sensibilidad de Dios y la luz de su amor para que nos lo muestre".

No hace mucho, mientras estaba grabando los devocionales en un canal de televisión, intentaba presentar algunos principios en formato de cápsulas acerca del tema: "Hombres, háganse un favor". Después de cada corte de tres minutos, el camarógrafo venía y me decía: "Pero, ¿qué hay de las esposas? ¿No hacen nada mal?".

Supe así que lo que yo estaba diciendo le estaba calando. Estaba respondiendo de la típica manera masculina al señalar con el dedo a la esposa y echarle encima la responsabilidad de que el hogar fracasara en funcionar como debía. Tenía unos pocos minutos antes de su siguiente labor, así que mientras cambiaba el equipo por el estudio, discutimos la pregunta.

"¿Sabía usted que nuestras esposas son la mayor influencia en nuestra vida?", pregunté. Asintió con la cabeza como si supiera lo que estaba diciendo y replicó: "¡Sí! Mi esposa siempre me está diciendo qué hacer, ¡caray, ya estoy cansado!". Traté de mostrar comprensión, pero decidí arriesgarme y le di un poco de consejería. "¿Hay algo malo en tu matrimonio?", pregunté. Respondió: "Ah, no. Hemos estado casados por dos años, y nos llevamos muy bien. Me gusta estar en paz; así que la apoyo para que no siga presionando". Sentí que quería decir más; pero vacilaba en hablar conmigo de ello dado que ya me había dicho que se llevaban muy bien. Así que, para ayudarle, pregunté: "¿Tu esposa trabaja?". "Sí, de hecho, sí", dijo. "Es enfermera". Esto me dio una gran pista del porqué podía haber todo tipo de impedimentos con los que tendrían que trabajar. Primero que todo, ella tenía una mejor educación que él; después, ganaba más dinero que él; y tercero, era independiente. Estos son asuntos que deben tratarse, especialmente si el hombre es orgulloso, y la mayoría de los hombres lo son.

"¿Cuáles son tus planes?", pregunté, tratando de descubrir si era un joven ambicioso con sueños de visitar lugares o subir por la escalera del éxito. "Mmm, creo que me quedaré en donde estoy. Me gusta este tipo de trabajo". Luego me di cuenta por qué su esposa lo presionaba. Ella estaba esperando un bebé y tendría que pedir permiso para ausentarse del hospital en el que trabajaba. Se la iban a ver muy restringida, viviendo del salario que él ganaba, y ella comenzaba a sentir la presión; sin embargo, no habían sido capaces de hablar abiertamente de ello. Dado que él no estaba dispuesto a admitir que su matrimonio necesitaba ayuda, no pude procurársela. Lucharán con eso por muchos años —si el matrimonio dura tanto— a menos que estén dispuestos a admitir que hay un problema. De esta forma muchos hombres tratan de manejar sus problemas, evadiendo el asunto real, diciendo que no tienen problemas, o al rehusarse tercamente a sincerarse.

Hay muchos hombres que no serán honestos con sus esposas y de esa forma son pasivamente agresivos. En otras palabras, se salen con la suya, a pesar de lo que sus esposas sugieran o digan. Se desconectan de ellas y siguen adelante con sus propios deseos egoístas, aunque dan la impresión a sus esposas de que están escuchando. ¿Por qué no ser honesto con tu esposa y decirle que eres egoísta o que no te gusta su sugerencia, en vez de dar la impresión de que eres dulce al tolerar su charla? Cuando le digo esto a los hombres, la mayoría dice: "Si soy honesto, ¡se le vuela un fusible!". Y yo respondo: "¿Quieres decir que no puedes enfrentar las consecuencias de ser honesto, así que decides ir por la pasividad?". La mayoría de los hombres no se dan cuenta del daño que hacen a través de los años al tratar a sus esposas con una actitud pasivo-agresiva. Crea una brecha en la comunicación, porque usted se ha desconectado tanto de su esposa que no escucha lo que ella dice, y no está vinculado con ella. Ha decidido la ruta del "gallina" y eso vendrá a establecerse tarde o temprano. Este personaje pasivo-agresivo, que podría ser usted, no está realizando su papel agresivo en la manera en que Dios lo ordenó, porque no tiene el coraje suficiente para permanecer en la Palabra de Dios y sufrir a través de las etapas de silencio o del ruido de furia. Es inevitable que su esposa se desaliente y se vuelva frustrada y confundida. Y esto ocurre porque usted no asume su papel de ser pasivo-agresivo. Su orgullo y su susceptibilidad provocan que huya de su rol. Pero una mujer debe tener algo a lo cual responder, porque Dios la hizo para que responda. De manera que cualquier cosa que usted haga, su esposa responderá a eso. De modo que si su esposa no es buena, es porque usted no le ha hecho mucho que haya sido bueno. Si tiene la mejor esposa en el mundo, algo debe usted haber hecho algo bueno.

> *"No os engañéis; Dios no puede ser burlado: pues todo lo que el hombre sembrare, eso también segará"* (Gálatas 6:7).

Un muchacho me preguntó: "¿Por qué será que mi esposa continuamente está gritando, chillando y preocupándose por pequeñeces? ¿Por qué no dice las cosas de una vez y se queda tranquila?". Le respondí: "Porque usted usualmente ignora sus solicitudes, rara vez escucha lo que dice y va aumentando al punto en que ella explota para poder llamar su atención".

En el proceso de consejería, he hallado muchas razones por las que las esposas simplemente se van y dejan a sus maridos. Aguantan lo más que pueden, y finalmente, no sabiendo qué más hacer, deciden irse. La mayoría de los hombres con los que hablo, dicen: "Si tan solo me hubiera dicho lo que yo estaba haciendo mal, la hubiera escuchado". De lo que la mayoría de los esposos no se da cuenta es que nuestras esposas han discutido sus sentimientos con nosotros docenas de veces, pero debido a que estábamos leyendo el diario o una revista, o mirando el televisor o preocupados con otra cosa, nunca lo captamos.

Estaba en el supermercado, y vi a una familia ir de compras, y me dije: "¿No es dulce?: El marido, la esposa, y los dos niños de compras juntos". Pensé que era maravilloso; pero mientras pasaba por su carrito, que estaba al tope de comida, escuché al esposo decir: "Ni de %$#@* voy a empujar ese carrito", y se alejó. Me volví justo a tiempo para ver a la pequeña esposa luchando con el pesado carrito y uno de los niñitos tratando de ayudar a su mamá.

Sucedió en realidad, y muestra una actitud que usted podría haber tenido. "Es mi dinero", tal vez pensó él, "y trabajé muy duro para ganarlo. ¿Por qué debo empujar el carrito?". Así que dejó que su esposa lo empujara. "Cielo, ¿hay algún problema?", le escuché preguntar mientras se iban de la tienda.

Esta es solo una ilustración de como los hombres hacen que sus esposas arrastren cargas, simplemente porque son víctimas de la malvada operación de Satanás. Ríase si quiere, pero esta es una de las razones por las que las espaldas de las mujeres se quebrantan, al igual que su corazón, porque su héroe se ha convertido en un canalla y es de poca ayuda contra el enemigo en los problemas de casa. Por supuesto, Satanás tiene algo de razón siempre que cita las Escrituras, susurrando: "Has trabajado arduamente. Con el sudor de tu frente trabajaste por ese dinero. Esa es la maldición que pesa sobre ti". Y a Adán, Dios le dijo:

> *"Por cuanto obedeciste a la voz de tu mujer, y comiste del árbol de que te mandé diciendo: No comerás de él; maldita será la tierra por tu causa; con dolor comerás de ella todos los días de tu vida [...]Con el sudor de tu rostro comerás el pan hasta que vuelvas a la tierra"* (Génesis 3:17, 19)

De modo que Satanás dice: "Tienes derecho a relajarte. Has trabajado duro, con el sudor de tu frente. Así que relájate, diviértete un poco. Hazte un favor: cómprate un auto nuevo, o un nuevo juguete, o un nuevo televisor a color, o un traje nuevo. Emancípate y vete de casa. Aléjate de los niños y de tu esposa". Eso es con lo que Satanás nos tienta, y bien podría ser que usted se la esté tragando.

Una de las herramientas más efectivas que Satanás usa son las "medias verdades" y las verdades "ocasionales" para conseguir inflar el ego de un hombre, de modo que piense que es mejor de lo que es. Así se vuelve bravucón y presiona a su esposa y a su familia por todo. Si desdeña lo que estoy diciendo, mejor tenga cuidado de no estar acomodado en el astuto punto de vista de Satanás.

Cuando usted amedrenta a su esposa, la presiona por todo y la domina con maldiciones e ira, está verdaderamente enfermo. Tiene un matrimonio enfermo. Conozco a un hombre que atemoriza a su esposa, pensando que, dado que él es la cabeza del hogar, puede hacer lo que se le venga en gana. Ha fracasado en comprender que su autoridad como cabeza del hogar es un don de Dios y requiere darse sacrificialmente a sí mismo, a su esposa, e hijos. En vez de ello, el hombre compra lo que quiere para jugar mientras que muy rara vez anima a su esposa a comprarse cosas buenas. Le habla de forma desagradable, la hace sentir fea en su temperamento e incluso en su apariencia. Ella es muy insegura, temerosa de envejecer, y con tendencia suicida porque no es capaz de lidiar con un marido que no es capaz de ver que lo que él está haciendo está mal, y donde su actitud a veces es como esta: "Le he provisto con un hogar, una criada, hijos, un automóvil nuevo, todo lo que el dinero puede comprar. ¿Qué tengo de malo? ¿Por qué está tan insatisfecha?". Él piensa que ella es la chica con la mejor suerte en el mundo al estar casada con un hombre tan inteligente. No se ha percatado de que él es la causa de la infelicidad y frustraciones de ella. No se da cuenta de que la intimida y la critica, elogiándola o felicitándola muy rara vez, o no viéndola como la persona de valor que es por sí misma, con necesidad de amor y cuidado tiernos. Piensa que una esposa es una esclava, y que es su deber hacer esto, aquello y lo otro, sin atención, elogio o afecto. Cuando ella no recibe de su marido lo que sólo él le puede dar, su vida se convierte en un área de desastre, y se siente desafortunada, porque sabe que él nunca cambiará.

Cuando usted se convierte en tirano y menosprecia a su esposa, llamándola con motes desagradables, quejándose por cómo se ve y por lo que hace, y criticando todas sus acciones, en realidad se está hiriendo a sí mismo, porque ella es parte de usted, una parte de su mismo cuerpo y ser. Las tentaciones del hombre son de Satanás, que dice: "Hazlo a mi manera, usa medios terrenales para que logres mandar en casa". La razón por la que esto es una tentación tan grande es debido a que la mujer tiende a ser gobernada. Su gran deseo es estar sujeta a su marido, porque Dios lo ha ordenado así:

> *"Multiplicaré en gran manera los dolores en tus preñeces; con dolor darás a luz los hijos; y tu deseo será para tu marido, y él se enseñoreará de ti"* (Génesis 3:16).

Esa es la maldición de una mujer. Y su deseo de ser gobernada presenta dos problemas básicos. Su esposa quiere ser gobernada, cuidada y protegida, y alguien tiene que proveer para ella, a tal punto, que cuando usted no cumple con la orden divina dentro de su hogar, ella se rebela y pierde el respeto por usted.

El otro problema es que su deseo de ser gobernada la deja completamente expuesta a recibir abusos por parte suya. Ella da la bienvenida a la autoridad; quiere ser gobernada, y quiere ser protegida por usted, pero usted escucha a Satanás, y hace algo de lo siguiente: Puede poner sobre ella demandas que nunca será capaz de cumplir. La domina en cada asunto de modo que pierde la confianza en sí misma. La hace sentir tonta, un cero a la izquierda. Se aprovecha de ella, la denigra, la humilla en público, la exaspera y la importuna.

Si usted es un hombre que ha sucumbido a la tentación de Satanás, por cualquier cosa que esté mal en casa usted culpará a su esposa; cuando en realidad es su culpa. Si no responde sexualmente, dirá que es frígida. Si están endeudados, dirá que ella es la que gasta el dinero. Si sus hijos son unos pequeños diablos, dirá que no es una buena madre.

De manera que esto coloca a la mujer en cierta posición. ¿Y cuál es su defensa? ¿Qué puede hacer para defenderse a sí misma? Le diré lo que su esposa puede estar haciendo. Puede ser que se enferme —psicológica y físicamente— porque es la única manera en la que puede contraatacar cuando usted la utiliza y abusa de ella, el supuesto rey bueno. En realidad, está siendo un rey malvado. O, en todo caso, tiene que ir a trabajar para salir de debajo de la presión que usted pone sobre ella al decir: "Es mi dinero, mi casa y tú eres mi esposa, y tienes que hacer esto o aquello". O puede tomar una sobredosis de pastillas para intentar suicidarse, porque ha perdido todo respeto por usted y por ella misma. O puede tener una aventura con un hombre o varios (Si la culpa por ello, usted se ha pasado de la raya). O tal vez se ha convertido en una bruja gruñona; o puede tratar de irse o de buscar el divorcio. Todas estas son formas que su esposa usa como medios de defensa.

Por eso es muy fácil para Satanás desintegrar su hogar, porque no está asumiendo su derecho —dado por Dios— de ser un buen rey. Esas son tentaciones que Satanás le pone, y debe reconocer la fuente de sus problemas y usar las armas que Dios le ha dado para tratar con el conflicto. Estas armas están listadas en Efesios 6.

> "...*porque las armas de nuestra milicia no son carnales, sino poderosas en Dios para la destrucción de fortalezas, derribando argumentos y toda altivez que se levanta contra el*

> *conocimiento de Dios, y llevando cautivo todo pensamiento a la obediencia a Cristo"* (2 Corintios 10:4, 5)

Usted rara vez llega a darse cuenta que Dios le ha delegado la autoridad para ser la cabeza del hogar. Y como vaya el hogar es como usted lo *haga* ir o la forma en que lo *deje* ir. Si su hogar está hecho un desastre, hombre, es su culpa. Ponga la culpa donde va. Sé que lo algunos de ustedes, hombres, están pensando y dicen: "¡Pero es que no conoce a mi esposa!", "¡Pero no conoce mi situación!". La pregunta es: ¿A quién le va a creer usted? ¿A la Palabra de Dios y a lo que él dice? ¿O va a creer lo que la sociedad dice? La Palabra de Dios dice:

> *"Así también los maridos deben amar a sus mujeres como a sus mismos cuerpos. El que ama a su mujer, a sí mismo se ama"* (Efesios 5:28).

Jesucristo es el ejemplo de la forma en que una familia debe estar unida o relacionarse. Efesios 5:2 dice: *"Y andad en amor, como también Cristo nos amó, y se entregó a sí mismo por nosotros, ofrenda y sacrificio a Dios en olor fragante"*.

El amor de Cristo fue sacrificial, y fue a Dios como un olor fragante. La mayor parte de la clase de amor que usted da a su hogar es tal que termina apestando, justo lo opuesto a lo que debería ser, porque usted es egoísta. Pero lo que Dios dice es: "El que ama a su mujer, a sí mismo se ama".

El mundo dice: "Hombres, háganse un favor y tomen lo que se les da la gana. Sírvanse de su esposa y úsenla. Tomen a la esposa de otro y úsenla. Sírvanse de sus amigos y úsenlos. Sírvanse de su trabajo y úsenlo". El mundo dice: "Solo tienes una oportunidad en la vida, así que tómala, agárrala y deléitate. Si ves que algo es divertido, entonces hazlo. Si todos lo están haciendo, hazlo. Si debes mentir, miente. Si debes engañar, engaña. Si debes trabajar, trabaja". Un hombre con una actitud de superioridad realmente se está esforzando intensamente en una frenética búsqueda de la felicidad. Su vida entera está orientada alrededor de la pregunta: "¿Me hace feliz esto?". Pero es una felicidad fugaz que nunca llega a ser permanente.

Efesios nos da un ejemplo del tipo de personas que somos en nuestros hogares hoy día. Efesios 4:19 comienza con un pronombre relativo: "Los cuales". Y ese pronombre, "los cuales", se refiera a un hombre cuyo "entendimiento ha sido entenebrecido" "por la dureza de su corazón" debido a que ha estado escuchando a Satanás. Esto se refiere a los hombres que "perdieron toda sensibilidad, se entregaron a la lascivia para cometer con avidez toda clase de impureza". Tales hombres están ocupados en una frenética búsqueda de la felicidad que siempre parece escapárseles entre los dedos.

Hay muchos hombres que trabajarán diez veces más duro para tratar de hacer algo malo o de salir de un problema en su trabajo, o porque se involucraron con otra mujer, que lo que se esforzarán en salvar su propio matrimonio. Y esa es la verdadera confusión, cuando un hombre trabaja tan duro en tratar de evadir el tomar la responsabilidad de su hogar.

A un hombre que tenía un problema en su hogar, le dije: "Aquí está un buen libro para que te lo lleves a casa y lo leas". El libro era *"La familia cristiana"* de Larry Christenson. Se llevó el libro renuentemente, porque era como de una pulgada de grosor. Sus ojos se abrieron casi al tamaño del libro. Estaba acostumbrado a leer libros de tiras cómicas, tal vez el diario o historias de vaqueros del viejo oeste, o una revista, nada muy serio. De cualquier forma, se llevó el libro. Al día siguiente estaba hablando yo con él y su esposa, y le pregunté si había abierto el libro. Su esposa respondió por él: "No", dijo, "llegó a casa y estuvo viendo el juego de los Halcones de Atlanta por tres horas y dijo que no tenía tiempo para leer el libro". Esto me dice que era lento en el área mental. He aquí un hombre cuyo hogar está en riesgo. Es responsable por su hogar. Tiene problemas con su esposa y sus hijos. Y con todo no tiene tiempo de leer o estudiar para aprender a lidiar con ellos debido a otras cosas que él permite que desplacen a su familia y lo alejen de ella. No estaba dispuesto a tomarse el tiempo, y no es que no lo tuviera. Fue más importante para él su entretenimiento que su responsabilidad. Si este hombre realmente quisiera hacer algo respecto de su problema, lo solucionaría muy rápidamente simplemente con cambiar su actitud.

A menudo hablo con hombres que dicen: "Cuando mi esposa cambie su actitud, entones yo cambiaré la mía". Pero desde el punto de vista de Dios, los hombres son los que deben iniciar el amor, y el líder masculino es el que inicia la reconciliación. No es un asunto de darse por vencido; es un asunto de ser honesto y de asumir el liderazgo en su responsabilidad dada por Dios. Su hogar puede estar en terrible peligro en este momento porque no ha tomado la iniciativa de tender un puente sobre la brecha, de sanar las heridas, de hacer cambios. Dios el Padre tomó la iniciativa al reconciliarnos consigo, porque nos amó mucho. Así es el amor: es agresivo, es espontáneo, toma la iniciativa, no pregunta por qué, ni demanda que las cosas se hagan a su manera. El amor... *"no hace nada indebido, no busca lo suyo, no se irrita, no guarda rencor"* (1 Corintios 13:5).

Si tiene un problema en casa, no huya de él o evada el asunto, fomente la discusión. En el proceso de fomentar la discusión en casa, esté dispuesto a escuchar lo que su esposa o hijos tengan que decir. Acepte las consecuencias de sus errores. Esté dispuesto a obtener ayuda externa si es necesario. Todo lo que un hombre necesita hacer para tener mayor felicidad y dicha es amar a su propia esposa.

En este capítulo ha sido mi intención estimular su ser espiritual a ser activo, provocar que se pregunte si hay algo mal en su matrimonio. Ayudarle a que no dé por sentada su situación familiar tal como la ha estado viendo, sino a verla desde otra perspectiva: verla como Dios la ve.

Espero que haya sentido alguna actividad de parte del Espíritu Santo trabajando en usted mientras leía estas páginas. Le estoy pidiendo ahora a que esté dispuesto a escuchar más de la voz de Dios mientras continúa con el siguiente capítulo, en el que buscaremos aprender lo que está mal con lo que nosotros los hombres hemos estado haciendo. Pídale a Dios que el Espíritu Santo abra sus ojos para ver cuál es su situación. La esencia de la tragedia es haber vivido sin haber conocido quién era. Su identidad está basada en sus relaciones. Cuando vive su vida "en usted mismo", es un don nadie, pero "en Cristo", usted es alguien. Cuando se apoya en el Espíritu Santo, él se convierte en su medio invisible de apoyo. Si esta experiencia con el Señor no le sucede, no puede ocurrir a través de usted.

El hogar debe ser una iglesia en miniatura, donde la misión de la iglesia es el nuevo nacimiento en cada miembro, luego el discipulado cristiano, para así luego salir a compartir y evangelizar. Así pues, en la analogía de la familia, está el nacimiento de los hijos de la relación del marido y la mujer. Luego, viene el emparejamiento de los hijos con Cristo y luego con un compañero de vida. Esta relación entonces es despachada a otras relaciones en este mundo para compartir, dar y recibir. Este es el programa divino de Dios, y cuando nos colocamos bajo el liderazgo de su Espíritu Santo, entonces nos convertimos en instrumentos de amor, paz y gozo.

Lo que le estoy pidiendo en este momento no es que vea completamente lo que está mal en su matrimonio, sino que quiera ver lo que está mal bajo el amor y la luz del Espíritu Santo.

3

CARIÑO, ¿CUÁL ES EL PROBLEMA?

Accedí a hablar con un hombre un fin de semana, y cuando fue por mí, pude darme cuenta que estaba muy nervioso y titubeante de discutir lo que fuera que había en su mente. Finalmente, después de retenerse lo más que pudo, lo soltó: "Mi esposa se enojó conmigo anoche, y se llevó a los niños esta mañana y se fue con su madre. Lo que quiero saber es el porqué. ¿Cuál es el problema conmigo?".

Honestamente quería ayuda, y qué alegría es ver a un hombre que realmente busca guía en su matrimonio, una píldora muy amarga qué tragar para la mayoría de nosotros. Qué humillante es para un hombre tener que pedir ayuda. Pero un gran porcentaje de los hombres nunca les enseñaron nada acerca del orden divino para el hogar y de cómo ellos deben ser los líderes espirituales: el profeta, el sacerdote y el rey.

Tenemos bastantes consejos de revistas sobre cómo ser el tipo de hombres que conquistan a sus mujeres y cómo influir en ellas y utilizarlas. E incluso tenemos la idea de otros hombres de que sus matrimonios van muy bien porque les han dicho a sus mujeres cómo son las cosas, y que, si no les gusta, que se la aguanten. Pero esa información es errónea, y ha provocado un daño irreparable en miles de hogares.

Regresemos a la pregunta del joven: "¿Cuál es el problema?". Estaba dispuesto a venir con su esposa a varias sesiones de consejería para trabajar con lo que estaba mal. Durante la primera sesión, la esposa dijo: "No creo que me ames".

"Sí, te amo, cariño. ¿Por qué crees que estoy aquí?".

"No lo sé, pero si esta es tu forma de mostrarme que me amas, entonces lo siento, no puedo aceptarla", declaró furiosamente.

"¿Qué rayos quieres decir con eso?", preguntó él.

"Cuando vienes a casa, vas directo a la bebida y ni siquiera preguntas cómo nos ha ido", declaró ella.

"Hemos estado teniendo problemas en el negocio, y necesito algo para relajar mis nervios", dijo él.

"Pero necesitas dos o tres tragos dobles?", gritó ella.

"¡Claro, cuando chillas y me gritas, carajo! No puedo soportar que me atosigues y te quejes siempre que llego a casa".

"Bueno, si no bebieras tanto, no me enojaría así", sugirió.

Pude detectar la ira y el temor de la esposa mientras hablaba, y vi que el señor Jones estaba lleno de autocompasión y buscando en el licor un apoyo para huir del verdadero problema.

"¿Por qué se deja llevar tan fuerte por el alcohol?", pregunté. "¿Es adicto?".

"Oh, no", respondió rápidamente con un obvio grado de ansiedad. Esa fue mi primera pista de la debilidad del señor Jones y de la fuerte posibilidad de que había enterrado la cabeza en la botella. Por supuesto, después de que se daba un falso valor con el licor, podía intentar tratar con los problemas de su casa, pero para ese momento, la esposa estaba furiosa y lista para explotar. Así que en vez de hablarlo y escucharse uno al otro, peleaban.

Mientras peleaban, los niños estaban apiñados en un rincón desarrollando toda clase de complejos y ansiedades. Si el señor Jones hubiera sido lo suficientemente hombre para responder con honestidad a mis preguntas acerca de su problema con la bebida, respondiendo algo como: "Tiene razón, estoy comenzando a hacerme adicto a esa cosa, porque no sé cómo manejar este tigre de esposa que tengo..."; si hubiera admitido que bebía mucho, entonces hubiéramos estado en camino de hacer una corrección en su matrimonio, pero en lugar de eso, hizo lo que la mayoría de los hombres hacen: lo negó. No era padre, sino un perico, haciendo eco de la amargura e ira de su esposa.

"No bebo demasiado, predicador. Solamente lo uso para calmar mis nervios y ayudar a relajarme cada tarde. ¿Hay algo malo con eso?".

"¿Siente que necesita eso para calmarse?", pregunté. "¡No!", lo negó. "Solo bebo porque lo disfruto, y nadie me va a decir cuándo ni cuánto puedo beber, así que dígale que deje de estar cargoseando".

Esa fue su forma de decir: "Cambie el tema", y fue fácil ver su autocompasión, rebelión y terquedad. Pensé: "Ay, este tipo va a ser una nuez dura de roer. Señor, ayúdame aquí. ¿Qué quieres que haga?". Me saltó a la mente cambiar el tema y hacerle una pregunta a la señora Jones.

"Della, ¿qué cree que sea el amor? Quiero decir, ¿cómo interpreta usted el amor de su esposo hacia usted?".

"No estoy segura si sé lo que me está preguntando", replicó, "pero siento que si mi esposo me amara, mostraría interés en mí y se tomaría el tiempo para aprender lo que me gusta. Y me elogiaría cuando me pongo algo que me hace ver especialmente bien. ¿A eso se refiere?".

"Exactamente", dije.

"¿Cómo siente que expresa su amor hacia su esposa, señor Jones?", pregunté. Lo pensó por un momento, como si fuera una pregunta realmente difícil, y finalmente masculló: "Trabajo y gano un muy buen salario, y le compro todo lo que una mujer puede desear —siempre quiere algo— así que creo que le muestro amor al dejarla tener lo que quiere".

Pude ver una gran brecha entre lo que dijeron por separado el señor y la señora Jones. Estaban a kilómetros de distancia en su interpretación de cómo se expresa el amor.

Me volví al señor Jones y pregunté: "¿Siente que hay una posibilidad de que pudiera cambiar su actitud sobre cómo expresa su amor a la señora Jones y comenzar a darle tiempo, atención, afecto y reconocimiento?".

"¡De ninguna manera!", espetó.

"¡Aleluya!", grité. "Finalmente ha dicho la verdad".

"Predicador, me está confundiendo, Pensé que quería decirme que cambiara mi actitud", confesó.

"Quiero que cambie su actitud, pero también quiero que deje de apaciguarse y comience a decir lo que realmente siente. Como ve, el matrimonio está basado en la verdad, la pureza y la fidelidad, y si no puede ser honesto con su esposa, con usted o con nadie, realmente está en problemas".

"Usted no entiende, predicador", dijo. "Si le dijera a mi esposa la verdad, estaría haciendo berrinche cada cinco minutos, así que mejor me callo la boca".

"Ese es el problema con nosotros los hombres, señor Jones. Somos demasiado cobardes para atravesar una crisis o una batalla de ingenio, porque sabemos que estamos mal y que somos demasiado obstinados para admitirlo, así que nos damos por vencidos y hacemos que nuestras esposas queden como basura".

"Para ser honesto, señor Jones, realmente quiero que usted diga la verdad acerca de usted —sus sentimientos, sus actitudes, su orgullo, su autocompasión, sus temores, sus complejos— y entonces observe a su matrimonio comenzar a sanar. ¿Por qué? Porque su esposa respetará su honestidad mucho más rápido que sus racionalizaciones, excusas y sublimaciones".

El Sr. Jones se veía todavía aturdido y perplejo. Siempre había pensado que era de cobardes admitir que tienes un problema.

"Permítame darle dos tareas", le dije.

"¿Quiere decir que debo lavar los platos cada noche o hacer las camas?" preguntó, mirándome sospechosamente.

"¡No, señor Jones, nada tan fácil! No le estoy pidiendo que haga esas labores. Le estoy pidiendo que comience a ser honesto con usted mismo y con su esposa".

"Deme un ejemplo", replicó.

"Muy bien, esto es lo que quiero que haga. En vez de correr por la botella como apoyo cuando llegue a casa por la noche, vaya a su esposa. Dígaselo a su esposa, la chica que Dios le dio como ayuda. Comparta con ella sus ansiedades en la oficina. Dígale cuánta incertidumbre tenía cuando contrató o despidió a esa persona de la oficina. Comparta con ella sus sentimientos de soledad cuando parece que todos están conspirando para quitarle su puesto. Dígale cuando no puede manejarlo y cuando necesite una palabra sabia de alguien a quien sabe que le importa usted y le ama y no está tratando de destruirlo".

"Predicador, si hiciera eso, sería como de risa para ella. Una ocasión le dije sobre un problema que tenía en la oficia, y en dos minutos tenía todo el problema solucionado. Usted sabe que con las mujeres no es tan fácil".

"No, señor, no lo sé. De hecho, insinúo, señor Jones, que la respuesta de su esposa era correcta y que ella lo resolvió tan fácil que usted fue avergonzado y no estuvo dispuesto a admitirlo y decir: 'Gracias, cariño, por tu mente brillante'".

El señor Jones estaba pasmado porque nunca había escuchado de esta clase de consejería y, además, siempre había pensado que las esposas eran animales tontos que debían usarse como criados caseros, y nunca alguien ante quien admitir las faltas. Siempre sospechaba de su esposa, pensando que también ella estaba ahí para acabar con él. Lo que nunca se había metido en la cabezota era que su esposa era su mayor recurso y que en realidad ella era la respuesta a su problema. Todo ese tiempo la había visto como el problema y ahora estaba comenzando a ver un ligero destello de que tal vez él era el problema.

"¿Puede hacerme el favor de hacer la siguiente tarea, señor Jones, y dejarme saber cómo van las cosas durante su cita la próxima semana?", pregunté.

"Voy a ser honesto con usted, señor Williams", respondió. "Esto es tan nuevo para mí, que no creo que me vaya a gustar".

"Eso es grandioso", dije, sonriendo de oreja a oreja. "Está comenzando a captar. Créame, sé que al principio no lo va a disfrutar. Pero si lo hace, puedo garantizarle que en poco tiempo usted y su esposa estarán experimentando un amor y felicidad mucho más profundos".

Había tantos problemas en esta familia que llevó muchos meses siguiera abordar algunos de ellos; pero luego de un año, estaba hablando con el señor Jones y me dijo: "Predicador, en realidad creía que se había vuelto loco cuando quiso que yo admitiera que estaba mal y que diera acceso a mi esposa a mis sentimientos interiores sobre mí y mi trabajo. Pero no puedo creer el cambio tan grande que hubo en mi esposa desde que he estado compartiendo todos mis pensamientos profundos y mis temores con ella. Es tan dulce y considerada, y ya muy rara vez me molesta o se queja.

Desde que me vi como cabeza de mi hogar al dar y no sacar, he encontrado más alegría de vivir, y ahora tengo deseo de llegar a casa y estar con mi familia. Antes, tal como usted lo señaló, estaba usando el alcohol como una muleta, y no estaba sosteniendo a mi familia ni a mí mismo. De hecho, me levantaba solo para decepcionarme. Desde que he estado tomado la iniciativa al decir: "Metí la pata", he hallado a mi esposa y mis hijos más relajados y listos a admitir sus faltas y errores sin tener yo que señalárselos. Le confesaré esto, señor Williams, todavía me enojo cuando mi esposa me dice lo que debo hacer y lo que no".

Sonrió cuando respondí: "¡Gracias por ser honesto!".

Nuestras esposas ejercen influencia sobre nosotros para bien y para mal. Debemos aprender a discernir las diferentes maneras en que nuestras esposas nos influyen. Dios nos considera responsables de las decisiones y el camino por el que nuestros hogares van.

La historia de Adán y Eva debió habernos enseñado algo sobre el matrimonio. Satanás sabía cómo atrapar a Adán, y realmente se burló de él y lo atracó al ir hacia su mujer, Eva. Ella fue a quien la serpiente utilizó. Conociendo que su naturaleza era curiosa, ingeniosa, hábil, tímida y adorable, utilizó su influencia para convencer a Adán de perder su alma al escuchar a su esposa en vez de al Señor.

Ahora, agárrense el sombrero, señores. No hagan conclusiones ni digan: "¡Ya sabía que era culpa de mi esposa que yo me hubiera metido en este problema!". No nos podemos zafar tan fácilmente. Dios le hizo a usted el encargado de las decisiones, y lo hizo para que fuera obediente a él, y le glorificara, y disfrutara de él. Y le dio a su esposa para darle sazón. Dios usó a una mujer llamada María, desposada con José, para comenzar una nueva generación. José hubiera estado fuera de órbita si no hubiera escuchado a esa dulce jovencita inocente cuando le dijo: "Sinceramente, no he estado acostándome por ahí". Y hubiera estado en problemas si no hubiera escuchado la voz del ángel, que dijo: "Lo que ha sido concebido en ella es del Espíritu Santo... y llamarás su nombre Jesús". Un hombre debe darse cuenta que Dios a menudo utiliza a su esposa para comunicarse con él, y debido a que Satanás la usa también como herramienta, es responsabilidad del hombre descubrir cuándo es Dios y cuándo es Satanás. Usted y yo ya no podemos culpar más las esposas; es por esto que el hombre debe estar metido con la Palabra y no molestando a su esposa. Hay una verdad que comienzo a descubrir, y con suerte, sus ojos también se abrirán a ella. Aunque los matrimonios estén hechos en el cielo, fue el plan de Dios que se vivieran aquí en la tierra. Por esa razón, en el momento en el que un voto matrimonial se sella, comenzamos un período de ajuste que dura tanto como vivamos en estos, nuestros "trajes terrenales". La Palabra dice: "Porque el esposo no creyente ha sido santificado por la unión con su esposa" (1 Corintios 7:14). Nuestras esposas fueron enviadas por Dios para hacernos creyentes.

Tengo la leve sospecha de que ustedes, hombres, son como yo, si desean admitirlo, ¡no me gusta ser corregido por mi esposa! ¿No le exaspera cada vez que su esposa le da una sugerencia, trata de corregirlo o le muestra dónde ha cometido un error? ¿No es esa una de las razones por las que se calla la boca al llegar a casa después de un agitado día de trabajo? Porque, en vez de comprenderlo, se muestra que ha metido la pata, o le da una solución muy simple al problema y usted no puede soportar que le muestren lo tonto que es. Y no venga con esa actitud de: "Bueno, pero no lo hizo con mucha dulzura, que digamos". En donde nosotros, los hombres, estamos totalmente equivocados, no es la cuestión de quién está bien y quién está mal, sino que es una cuestión de nuestro ego. Tenemos tanto miedo de que pisoteen nuestro ego que hacemos nuestra "rutina del silencio" hasta que la atormenta haya pasado. Pero aquellos que conocen bien a las esposas comprenden que esta es la manera de Dios de llegar hasta nosotros. Es mejor dejar a tu esposa hacer lo que debe —servir como espejo para ayudarte a verte a ti mismo— para ayudarte a madurar. Así es como opera la manera de Dios.

Me veo tan fuertemente bombardeado por puntos de vista humanos y satánicos, que a menudo soy insensible a la mansedumbre del Espíritu de Dios al punto de estar "muerto" a la conciencia e inconsciente de mi yo real. Pero Dios usa la boca de mi esposa, a quien le ha dado una influencia especial, para hablarme, para despertarme, hacerme madurar. Lo mío es rebelarme. Mi "sección de racionalización" rápidamente registra una respuesta negativa a cualquier corrección que ofrezca mi esposa.

Por ejemplo, mi esposa recibió revelación de Dios de comenzar a hablar directamente a aquellos hacia quienes tenía rencor —para decirles lo que la estaba molestando— para desahogarse y luego darles la libertad de manejarlo en la forma en que su madurez o falta de madurez les permitiera. Esto tuvo dos hermosos efectos: 1) la libera de tener que hablar con todos los demás sobre sus sentimientos; y 2) la exime de la carga de llevar eso en su corazón. Cuando me dijo que yo debía hacerlo, pensé que era una excelente revelación, pero dado que Dios no me la había dado a mí y debido a que en ocasiones ella se ha equivocado al usar su propia revelación, me rebelé contra ello hasta que pude tener una confirmación directa del Señor. Estaba sacando el viejo truco del ego masculino, insistiendo que, si Dios tenía algo que decir, me lo diría a mí primero y luego yo podría pasarlo a los otros miembros de la familia.

En más de una ocasión —más de cientos de ocasiones— he tenido que aprender verdades muy elementales de mis propios hijos. Por ejemplo, pasé un sábado completo poniendo algo de césped nuevo en nuestro pequeño patio trasero cercado, en el que tenemos a nuestro cachorro *poodle* para que no se escape. La mañana siguiente, el domingo, saqué al cachorro y me regresé a la cama para tratar de dormir un rato más antes de estar listo para la escuela dominical. Cuando me vestí en mi traje de domingo, abrí la puerta trasera y vi a nuestro *poodle* todo cubierto de lodo. Se había divertido como enano, levantando la mitad del césped que me había llevado todo un día colocar. Me puse rojo de la cara y comencé a gritar, a hacer escándalo y a quejarme del perro "sucio". Mi hijo de catorce años asomó su cabeza por la puerta trasera y muy suavemente dijo: "Papá, ¿estás alabando al Señor?".

Durante el desayuno, todavía estaba refunfuñando, y Patti, mi esposa, preguntó: "Mi amor, ¿estás alabando al Señor?". Enojado, repliqué: "Dame dos minutos más". Nuestra familia estaba tratando de aprender este principio de la Palabra de Dios tan bellamente presentado por Merlin Carothers en sus libros, *"De la prisión a la alabanza"*, *"El poder de la alabanza"* y *"La alabanza da resultado"*, pero como puede ver, se necesita a toda la familia trabajando junta para ayudarse mutuamente a madurar en el amor, la fe y la verdad.

Ese mismo día, mi esposa había tenido que hornear una torta para llevar al día de campo anual de la iglesia y la había dejado sobre la mesa del comedor mientras nos íbamos a hacer una visita. Cuando regresamos a casa para tomar las cosas para el día de campo, mi esposa vio que la mitad de su hermoso y esponjoso pastel de chocolate ya no estaba. No pasó ni un segundo cuando supo a quién culpar: el *poodle* había atacado de nuevo. Comenzó a protestar y a regañar, y todos nos metimos en la conversación: "Mamá, ¿estás alabando al Señor?". Su respuesta fue: "Denme dos minutos más".

Hay muchos hombres —usted podría ser uno de ellos— que no creen que sus esposas estén siendo usadas por Dios para corregirlos y ayudarles en su crecimiento o en su salvación. Una vez tuve a un esposo incrédulo diciéndome: "Mi esposa me ataca como tigre, y me niego a escucharla respecto de cualquier cosa a menos que me lo diga en amor".

Algunos hombres son realmente crueles con sus esposas, y luego cuando la esposa no lo puede soportar más y pierde los estribos, salimos con una excusa hipócrita. Usted dice: "Bueno, ¿y qué hay de lo cruel que ella es conmigo?". "Cualquier cosa que vea en su esposa que le desagrade o por lo que se sienta repelido está ahí porque usted no se ha tomado el tiempo de tratar con ello. En vez de eso, usted la culpa a ella", le dije a un hombre que se estaba quejando de su esposa. Si yo fuera y le dijera a usted frente a frente y claramente qué es lo que está haciendo mal, explotaría, tal como ese hombre lo hizo. Pero si le pide a Dios que se lo revele, él se lo mostrará. No estoy diciendo que será fácil. Pero los verdaderos hombres de nuestra sociedad son aquellos con el valor suficiente para permitir que la luz de la justicia de Dios brille en sus corazones y para ponerse bajo la autoridad de Dios y someterse a su liderazgo. Solo entonces se convertirán en los hombres que Dios tenía pensado que fueran.

Dios me ha revelado que una razón por la que estamos teniendo hoy tanta dificultad en la vida, y tantos, tantos, problemas en muchas áreas de ella, es porque el hogar no es lo que Dios tenía pensado. Y dado que usted es la cabeza del hogar en su casa y tiene la orden divina de llevar la responsabilidad, la pongo sobre usted. Puede escaparse de ello si quiere, o puede no decir nada de lo que quiere decir mediante la racionalización; pero va a tener que comprender y responder al plan de Dios para su vida como cabeza del hogar, a menos que quiera portarse miserablemente.

4

¿DE QUIÉN ES LA CULPA?

Dios es divino, el hombre es humano, y Abraham no fue la excepción. De hecho, Abraham, el padre de nuestra fe, puede mostrarnos algunos trucos de cómo ser un canalla.

Dios le dijo a Abraham que dejara su propio país y su pueblo y se fuera a la tierra a la que él le guiaría. Eso hizo de buena manera y en noble fe, ¡qué gran héroe! Sin embargo, "Hubo entonces hambre en la tierra, y descendió Abram a Egipto para morar allá; porque era grande el hambre en la tierra" (Génesis 12:10). Esto es muy sutil, pero si se fija con cuidado, encontrará que Abraham tuvo la iniciativa de dejar el lugar en el que Dios lo había puesto. ¿Por qué? Porque había hambre, un gran problema. En el momento en el que las cosas se pusieron difíciles, decidió moverse a pastos más verdes, acarreando a toda su familia con él. Suena muy moderno, muy humano, muy semejante a nosotros.

Mientras tanto, notamos que Abraham había fallado en analizar detalladamente su decisión de mudarse a Egipto y había fallado en discutir todas las posibilidades con Sara, así que se perdió el consejo que su esposa pudo haberle dado, si lo hubiera pedido. Nuevamente, reflejados en esta antigua historia de un héroe, nos vemos a nosotros mismos. Como Abraham, tenemos una gran idea, y dando por sentado que nuestras esposas encontrarán algunas fallas en nuestras ideas, nos levantamos y las ejecutamos, poniendo a toda la familia en desgracia.

Descendiendo en caravana hasta Egipto, Abraham tuvo que haber visto las líneas delicadas de su esposa mientras se balanceaba rítmicamente con los movimientos del camello sobre el que estaba, con el atardecer de fondo, la sonrisa en su rostro, y el largo cabello flotando detrás de ella, y vino la idea de que ella era hermosa para mirar. Así que, a medida que se aproximaban a la frontera egipcia, él le pidió a Sara, su esposa, que le dijera a todos que era hermana de él. Trató de cubrir su gran error con una media verdad (ella era su media hermana, pero principalmente, era su esposa). Su mañoso pensamiento suena tanto a la comodidad moderna.

> *"...dijo a Sarai su mujer: He aquí, ahora conozco que eres mujer de hermoso aspecto; y cuando te vean los egipcios, dirán: Su mujer es; y me matarán a mí, y a ti te reservarán la vida. Ahora, pues, di que eres mi hermana, para que me vaya bien por causa tuya, y viva mi alma por causa de ti"* (Génesis 12:11-13).

¿Por qué? ¿Por qué estaba Abraham tan dispuesto a no proteger a su esposa? Debido a su naturaleza humana. Mientras iban avanzando por el camión, Abraham casualmente dijo: "Cariño, juguemos a algo". "Me gustan los juegos", pudo haber respondido ella. "Bien", dijo Abraham. "Así es como será: Tú le dices a todos que eres mi hermana, y no les digas que eres mi esposa, y veamos si pueden adivinar".

Ese fue el juego de Abraham para salvar su propio pellejo. ¿Pero mire cuán cruel fue con Sara? Mientras Abraham obtenía todos los ascensos, su pobre esposa estaba siendo introducida al harem del Faraón. Bien, si hay algo que a una esposa no le gusta, es ser utilizada. Quiere ser amada y respetada como persona y no solo como un cuerpo. Cree que su cuerpo es únicamente para su marido; pero este intercambio de esposas está fuera de su comprensión.

Ahora, su pregunta hasta este punto puede ser algo como esto: "Bueno, si es tan lista, ¿por qué no le dice al Faraón que el juego se acabó y se sale andando? Después de todo, no tiene que jugar si no quiere".

Pero ahí es en donde nuestras mentes masculinas se tuercen. Es solo un método más de colocar la culpa sobre la mujer en vez de admitir que fue nuestra idea en primer lugar. Piense en la humillación a la que expuso Abraham a su esposa, simplemente por su orgullo, su ego y su auto preservación. Ahora usted dirá: "Eso fue un juego sucio, pero yo no hago eso". Pero yo digo que lo hacemos a menudo y ni nos damos cuenta. Comience hoy a notar cuántas veces culpa a su esposa por las cosas en las que usted mismo se mete.

Un joven me estaba diciendo lo mala que era su esposa con la administración del hogar. Dijo: "Estamos hasta las orejas de deudas, y yo estuve preguntándole si había algún problema".

"¿Permite usted a su esposa manejar el dinero en su casa?", pregunté.

"Oh, sí", dijo. "Pero eso va a cambiar. Ella nos metió en este lío y me tomará cinco años sacarnos de él. Ella puede cocinar, limpiar, trabajar y cuidar a los niños, pero ¡caray! ¡es terrible manejando dinero!".

Si usted está leyendo esto y no ve nada malo con esa línea de pensamiento, entonces es probable que usted esté haciendo lo mismo. Como ve, en primer lugar, el sujeto nunca debió cargarle ese muerto a la esposa. Si un hombre necesita consultoría financiera, que vaya con un banquero y no se lo arroje a su dulce esposa. En segundo lugar, está siendo desleal hacia su esposa al no creer que Dios proveerá y que Dios tiene un orden divino para el hogar, y que él está fuera de lugar. "Todo lo que el hombre sembrare, eso también segará" (Gálatas 6:7). Así que, si un hombre siembra desorden, cosechará desorden tarde o temprano. Si el hombre continúa quejándose y pensando: "¡Vaya si salí perdiendo! Tan solo pensar en todas las mujeres con las que podía haberme casado", realmente no ha entendido la gracia de Dios. Este pequeño episodio en la vida de la familia de un hombre —la de Abraham— fue usado no para deshonrarlo o desacreditarlo en manera alguna, sino simplemente para mostrar cuán cruel puede ser, incluso, el mejor de nosotros. Si nos ponemos aureolas, pensando cuán afortunadas son nuestras esposas por tener maridos tan grandiosos, entonces estamos a medio camino de hacerla sentirse miserable. Oro a Dios que abra sus ojos para que vean el tipo de criaturas que realmente somos.

No estoy sugiriendo que nuestras esposas sean súper inocentes y unos dulces ángeles siempre. Pueden ser contenciosas, como la esposa de Abraham, Sara, pero incluso eso no nos excusa de nuestra responsabilidad como las cabezas espirituales y sacrificiales de nuestras esposas. Recuerde, fue esta hermosa reina de Abraham la que dijo:

> *"Ya ves que Jehová me ha hecho estéril; te ruego, pues, que te llegues a mi sierva; quizá tendré hijos de ella"* (Génesis 16:2).

Ningún hombre en su sano juicio va a creer que su esposa es sincera cuando dice cosas como esas, pero Abraham quería tranquilizarla y darle algo de alegría, así que aceptó su noble sacrificio. Ese, sin embargo, fue su gran error, porque nuevamente aquí uno de los siervos de Dios mordió el polvo al "atender el ruego de Sara", y no a la voz de Dios. Bien, cientos y cientos de años después, los descendientes de los hijos de Abraham, Israel e Ismael, aún están peleando, y así será hasta que Cristo regrese.

Aunque Dios perdonó a Abraham por su error, y lo bendijo al hacerlo el padre de muchas naciones, Abraham tuvo que cosechar lo que sembró, un principio que muchos individuos tienen dificultades en comprender.

Aquí estoy diciendo muchas cosas, pero estamos siguiendo la línea de razonamiento de que nuestras esposas tienen una influencia tremenda para bien o para mal y que nosotros —los hombres, las cabezas de las mujeres— debemos discernir, en el espíritu, a cuál influencia vamos a prestar atención. Esto, debo repetir, puede venir únicamente al estar de acuerdo con Dios en que somos pecadores, que no podemos cumplir los pedidos de Dios con nuestro poder, y por lo tanto morimos a nuestra voluntad y acudimos al Espíritu Santo de Dios para que nos dé dirección y guía.

Lo que les estoy pidiendo, hombres, y a mí mismo, es que le pongamos un alto a culpar a nuestras esposas por nuestros errores y que veamos que Dios nos las ha dado para nuestra ayuda. Pero recuerden que, en el plan de Dios, los hombres y las mujeres se necesitan mutuamente.

> *"Pero en el Señor, ni el varón es sin la mujer, ni la mujer sin el varón"* (1 Corintios 11:11).

> *"Cristo es la cabeza de todo varón, y el varón es la cabeza de la mujer, y Dios la cabeza de Cristo"* (1 Corintios 11:3).

"Y dijo Jehová Dios: No es bueno que el hombre esté solo; le haré ayuda idónea para él" (Génesis 2:18).

Estaba hablando con un hombre el otro día, y le pregunté: "¿Hay algún problema?". Dijo: "Mi esposa es un fastidio, una bruja y un barril, todo en uno".

"¡Vaya! Usted sí que metió la pata, ¿verdad?", dije.

Sus ojos se abrieron mucho y preguntó: "¿Qué quiere decir?"

Le pregunté: "¿Sabe por qué su esposa es un fastidio?"

Dijo: "Porque no le gusta la forma en que hago las cosas".

Yo dije: "¡Tiene razón! Usted ha convertido a su linda esposa en un fastidio porque no ha hecho lo que debía haber hecho cuando debió haberlo hecho. Si cuidara sus asuntos como cabeza del hogar, entonces ella no sería un fastidio".

"¿Sabe por qué es una bruja?", pregunté.

Él dijo, muy inocentemente: "No".

Le dije: "Es porque se arregla y se peina, y usted ni siquiera lo nota. No le hace ningún cumplido. No se da cuenda de ello, así que ella dice: "¡A volar!". Se rinde, y no intenta hacerlo más. Esa es la razón por la que ella es una bruja".

Dijo: "Bueno, entonces, por qué rayos es un barril".

Y le dije: "Porque está frustrada con usted como cabeza del hogar. No sabe qué hacer, así que come para escapar del problema, y esta es la razón de que esté gorda. Usted la ha hecho así. Tiene sobrepeso porque usted no le ha dado lo que necesita como mujer. Si no la hace sentir hermosa, lo más hermoso del mundo, se frustra y usa el comer como alternativa, y todo es culpa de usted".

La crueldad del hombre hacia su esposa viene en una variedad de formas. Estoy pensando en una familia cuyo esposo está en la profesión médica. Provee para todas las necesidades financieras de su esposa e hijos, pero les rehúsa la necesidad más grande de todas: su tiempo. Este hombre no se propuso lastimar a su esposa, ni descuidar voluntariamente su papel como padre de sus hijos. Simplemente se halló a sí mismo atrapado en las presiones de la profesión médica, y en lugar de abrir los ojos a la primera responsabilidad de su papel como esposo y padre, se echó encima el rol del "valioso doctor" que hace el bien a otros. Esta demanda de su profesión sobre su tiempo pudo haber sido fácilmente controlada, pero su ego lo cegó de ver la crueldad de no involucrarse con la esposa de su juventud.

"¿No hizo él uno, habiendo en él abundancia de espíritu? ¿Y por qué uno? Porque buscaba una descendencia para Dios. Guardaos, pues, en vuestro espíritu, y no seáis desleales para con la mujer de vuestra juventud.

> *Porque Jehová Dios de Israel ha dicho que él aborrece el repudio, y al que cubre de iniquidad su vestido, dijo Jehová de los ejércitos. Guardaos, pues, en vuestro espíritu, y no seáis desleales*" (Malaquías 1:15, 16).

Este hombre y muchos como él se han divorciado (separado) mentalmente y físicamente de sus familias por la pasión y por los elogios en su profesión y su impulso por fama y fortuna. Su crueldad viene de decir: "Pero puedo darles todo lo que el dinero puede comprar, y no les hace falta nada". Lo que se necesita es lo que el dinero no puede comprar: el tiempo, la atención, la aceptación y la comprensión de un padre. Este esposo, excesivamente involucrado en su profesión, pudo también haber racionalizado: "Pero vea la gran contribución a la salud y al bienestar humano que estoy haciendo".

> *"Goza de la vida con la mujer que amas, todos los días de la vida de tu vanidad que te son dados debajo del sol,*

> *todos los días de tu vanidad; porque esta es tu parte en la vida, y en tu trabajo con que te afanas debajo del sol"* (Eclesiastés 9:9).

Si nosotros los hombres nos esforzáramos para mejor nuestro matrimonio como lo hacemos para impresionar a la élite social o a nuestros compañeros, tendríamos hogares espirituales y alegres. No importa cuán exitoso pueda ser un hombre en su profesión o negocio, si falla en el negocio de su hogar, realmente ha perdido todo el sentido de su existencia, concretamente, glorificar a Dios.

> *"...el varón... es imagen y gloria de Dios; pero la mujer es gloria del varón"* (1 Corintios 11:7).

La enseñanza de este versículo es muy profunda, pero en una manera sencilla podemos decir que cuando un hombre obedece a Dios, confía en él, le ama y le sirve, entonces él es la gloria de Dios. Esto es cierto respecto de la esposa. Cuando ella obedece, confía, ama y sirve a su esposo, entonces ella está en gloria. Pero hay una trampa, la cual la mayor parte de los hombres falla en ver. A menos que nos convirtamos en el rey, el profeta, el sacerdote, el agresor y el iniciador en el matrimonio, la mujer no tiene nada a lo cual responder. Ella solo puede glorificar a su esposo al grado en el que él glorifique al Señor Dios. Es por esto que muchas mujeres en estos días no se sienten satisfechas y andan en el furor de la liberación femenina. Nosotros los hombres podemos hacer libres a nuestras esposas si podemos glorificar a Dios en la forma en la que estamos diseñados en su gracia y su plan. Aquellos de nosotros que ignoremos este principio y seamos incrédulos y desleales, viviendo en nuestra torre de marfil del orgullo y prejuicio, somos, inevitablemente, esposos crueles.

En el proceso de tratar con problemas familiares, he hallado que los hombres son muy delicados. Al tratar con ellos, debemos ser increíblemente delicados para no herir sus tiernos sentimientos. Se molestan tan fácilmente que, en lugar de tratar directamente con el problema, tenemos que evadirlo y rodearlo; tenemos que usar todo tipo de subterfugios con la finalidad de decir lo importante. ¿Por qué es usted delicado? Debido a su orgullo. No quiere admitir que tiene un problema, y que no está dispuesto a lidiar con él.

La pregunta que tengo es esta: ¿Hay algo más importante que salvar y rescatar su matrimonio? Cuando evade el asunto, está diciendo: "Sí, todo es más importante".

Su ego dice: "Primero pierdo mi matrimonio, que cambiar. Primero pierdo mi matrimonio, que arrepentirme. Primero pierdo mi matrimonio que ser descubierto. Primero pierdo mi matrimonio que admitir que he fracasado o lo lento que soy".

> *"Velad, estad firmes en la fe; portaos varonilmente, y esforzaos"* (1 Corintios 16:13).

Si su matrimonio está en problemas, siempre puede racionalizar y culpar a alguien o a algo. Déjeme darle unos pocos ejemplos de lo que podría estar haciendo con el fin de racionalizar. Dice: "La razón por la que no me llevo bien con mi esposa es por mi trabajo. Tengo que pasar mucho tiempo en él, y ella no lo comprende. Así que es mi trabajo lo que causa que tengamos problemas". O puede decir: "El problema es que mi esposa es una cascarrabias". O puede usar su salud: "Estoy enfermo". O puede hablar de sus parientes políticos, o culpará a los hijos o a los vecinos, o a la sociedad, o dirá: "Es la guerra. Tuve que estar lejos de casa por un año". O le echará la culpa a la iglesia: "Siempre quiere que esté yendo a la iglesia". O responsabilizará al Señor: "Dios me decepcionó". Algunas veces el ministro termina con la culpa por los fracasos matrimoniales, ya sea porque no le importó lo suficiente o porque era muy entrometido.

Usted puede echarle la culpa siempre a algo o a todo mundo, sin nunca abrir los ojos para ver que es su propio orgullo, su propio egoísmo, su terquedad, su propia rebelón, o lujuria, o indiferencia.

Permítame decirle ahora qué hay en los hombres que causa tanta dificultad en el hogar. Es el orgullo. El orgullo le impide, en primer lugar, admitir que tiene un problema. Con la gente con la que hablo, usualmente es el hombre el que no se da cuenta del hecho de que hay un problema en su vida familiar. Hay una pareja que mi esposa y yo hemos conocido por varios años. Esta familia está en serios problemas simplemente porque el esposo no abre los ojos para ver y admitir que hay algunas cosas que necesita cambiar en su actitud y sus modos. Ha fracasado en asumir la responsabilidad de tomar las decisiones, pensando que era un buen chico al dejar que su esposa lo hiciera.

Ha carecido de sentimientos por las necesidades de su esposa como persona y ha causado que se distorsione el pensamiento de ella. Es un hombre tan orgulloso, que no admitirá que hay algo muy serio en su matrimonio. La actitud que demuestra es: "Incluso si hay algo malo, no puede ser que tenga que ver conmigo".

El orgullo también nos impide admitir que no podemos manejar el problema incluso si admitimos que lo tenemos.

En tercer lugar, el orgullo nos impide tratar con los problemas, simplemente porque no queremos mejorarlos. Queremos tener la ventaja sobre nuestras esposas, o andamos perdiendo el tiempo y no queremos hacer nada respecto a enderezar eso. Así que es el orgullo lo que nos impide admitir nuestras debilidades, y nos duele leer de eso en un libro como éste, porque no podemos aceptar la verdad.

He recibido algunos comentarios y algo de retroalimentación de la gente respecto de este libro, que yo creo Dios me inspiró a escribir. Estaba muy nervioso por este libro, debido a la seriedad de lo que debe ser dicho, y a la reticencia de parte de los hombres para escuchar el mensaje.

Mi esposa recientemente recibió una llamada telefónica la mañana siguiente a la que yo prediqué sobre algo del contenido de este libro. La llamada era de una de nuestros miembros que había escuchado el servicio por la radio. Dijo: "Voy a demandar a su esposo por plagiar el sermón que predicó el domingo pasado". Mi esposa, por supuesto, estaba muy impactada, y su reacción inmediata fue: "Oh no, aquí vamos", porque la dama estaba muy seria al hablar. La mujer dijo: "He estado predicando ese sermón por treinta años, y él me lo robó".

Siento que muchas de las esposas no estaban comprendiendo los principios que había presentado, porque escuché muchos comentarios de las mujeres como este: "Nos va a tocar a nosotras la próxima vez". Se estaban poniendo algo intranquilas porque yo estaba invirtiendo tanto tiempo con los hombres, así que asumieron que a ellas les tocaría el doble. Pero eso no era verdad. De hecho, la verdad del asunto es que, si los hombres hicieran su parte como cabezas del hogar, habría poca necesidad de que yo dijera algo a las mujeres. Así que no lo haré, y voy a asumir que ustedes, hombres, van a captar el mensaje y seguirán hasta el final.

Sin embargo, hay una porción de la Escritura que dice: "Mujeres, estad sujetas a vuestros maridos". He pensado que —y esto es verdad, créanme— hay una necesidad de que las esposas estén en sujeción a sus propios esposos. Pero, hombres, debo decirles otra verdad: una mujer no puede estar sujeta a una medusa, a un hombre sin columna vertebral, que solamente apacigua las cosas, que posterga las decisiones, que es pasivo en cada fase de su vida. Las esposas no pueden estar en sujeción a la "nada". Así que piense cuando tome la iniciativa, tome su papel seriamente y comience a vivir como debe hacerlo. Entonces su esposa tendrá algo a lo cual responder y será feliz en sujeción a usted como al Señor.

Escuché otro comentario de un hombre que había sido expuesto a estos principios, pero se había divorciado de su esposa algunos años antes, y dijo: "No siempre es culpa del hombre. Los hombres a menudo hacen todo lo que pueden para sostener su hogar y mantenerlo andando". Digo que, si esto le pasa a usted, y si está divorciado, no intente racionalizarlo o culpar a otros o a las circunstancias. Esa no es la forma de manejarlo.

Sí, es cierto que de acuerdo al orden de Dios no hay lugar para el divorcio, pero tampoco hay lugar para el odio, la amargura, la rebelión, el asesinato, la mentira, etc. Pero los seres humanos estamos lejos de la gloria de Dios al pecar, al hacer esas cosas. El divorcio está al mismo nivel. No es el pecado imperdonable. Dios perdona el divorcio sobre la misma base en que perdona cualquier otro pecado que usted cometa. Si se arrepiente y lo confiesa, Dios lo perdona y nos limpia de toda injusticia. Acépelo, y luego olvide todo lo que queda atrás, y siga adelante.

Si ha sido víctima de un hogar roto por el poder de Satanás, confíe en que Dios le ha perdonado y luego acepte la verdad divina que estamos tratando de enseñar. Es la responsabilidad del hombre ser la cabeza de su hogar, y si este se desintegra, es debido a que él no está funcionando de la manera correcta como cabeza. No está siendo el profeta, sacerdote, y rey que Dios divinamente le ordenó que fuese. Solo acepte eso como verdad y luego llévela a cabo, porque hay muchos fallos en su argumento al decir: "Hice todo lo que podía hacer para salvar ese matrimonio". Yo podría mostrarle muy fácilmente que no es el líder espiritual de su hogar de la forma en que Dios quería que lo fuese. Si hay un área en la cual caemos más es en esa. Dejemos que nuestras esposas tomen la iniciativa en la instrucción, disciplina y enseñanza de los hijos, y como resultado, el hogar estará en problemas y podría estar casi disuelto. Esto no es porque la esposa sea incapaz de hacer el trabajo. Es porque nosotros los hombres hemos usado nuestras responsabilidades como excusa y hemos abandonado nuestro papel como alumno y maestro.

5

CÓMO ARREGLAR LAS COSAS

Cuando fui al Hospital St. Francis para visitar a los enfermos, había un letrero al frente. Estaban remodelando el hospital, y el letrero decía: "Peligro. Zona de casco protector". Seguí viéndolo, y fue de impacto en mi mente al ver aquel mensaje; luego, comencé a pensar sobre nosotros los hombres y sobre nuestra responsabilidad en el hogar, y me vino a la mente que es una zona peligrosa porque es un área de "cabezas duras". Usted y yo somos obstinados y no estamos dispuestos a cambiar, de modo que se vuelve una zona peligrosa cuando no respondemos a la enseñanza de la Palabra de Dios con respecto a ser el sacerdote de nuestro hogar. Cuando al darnos cuenta que estamos orando: "Señor, cambia a mi esposa", es que hay algo malo en alguna parte. ¿Quién realmente necesita cambiar? Es usted, el marido, usted es el terco que no quiere cambiar.

Cuando descubre que su responsabilidad es ser el sacerdote a través de darse a sí mismo, esto es lo que ocurre: se echa para atrás, se congela y se vuelve un desalmado. Se rebela en contra de ello, porque involucra más de lo que usted está preparado para dar, específicamente, su ego.

Su orgullo o su egocentrismo tienen que ser disueltos, así que pelea con todas sus fuerzas para aferrarse a su ego, y sigue buscando otras maneras de hallar paz, prosperidad y gloria para su hogar. Pero no hay gloria, ni paz, ni prosperidad permanente para su hogar excepto al ser el sacerdote divinamente ordenado y cumpliendo el sagrado oficio que Dios le ha dado.

Si no es cuidadoso, se hallará rebelándose contra su esposa. Si ella le pregunta si ya pagó ciertas facturas, explotará enojado. "Ese es mi problema, yo me encargaré de eso". Si le recuerda regresar directo a casa del trabajo, se detiene en el bar de la esquina. Si le pide que escuche el problema de Johnny, se enoja y dice: "Tú tienes más tiempo que yo. ¿Por qué no lo haces tú?".

Si le pide que decida lo que harán para Navidad o Día de Acción de Gracias, se rebela. Si le pide que escuche al bebé mientras ella hace algo, se molesta, especialmente si está viendo un partido de futbol por televisión.

Si le pide que le ayude con algunos de los quehaceres de la casa, como llevar la basura afuera, o arreglar una llave con fuga, o cortar los arbustos, o pintar el baño, lavar el auto, podar el césped o lo que sea, se rebela. Una esposa puede darle muchas cosas contra las cuales sublevarse. ¿Por qué se rebela? Porque es obstinado. Es su orgullo y egoísmo y no quiere ser mandilón. Carece de la comprensión de su papel, de modo que se vuelve vengativo.

Si su esposa pudiera hablar con usted, le diría: "Cariño, lo que está mal es que eres infantil en tu conducta. Tienes mucho miedo de ser mandilón, y esa ni siquiera es mi intención. En realidad, quiero que tú tomes las decisiones de pagar las cuentas, de disciplinar a los hijos, y que tomes la iniciativa en nuestra vida espiritual. No tienes que hacer lo que yo quiero que hagas o incluso intentar lastimarme para vengarte.

Si escuchara a su esposa, ella continuaría: "Cariño, lo que está mal es que no me ayudas en la casa con todas las cosas que se necesitan hacer. Me dejas todo a mí mientras tú te vas a donde se van los hombres para zafarse de sus responsabilidades. Algunas veces te quedas en casa, pero solo dices: "¡Estoy muy cansado, y tengo derecho de ser perezoso si lo quiero!".

"Querido, lo que está mal es que estoy perdiéndote el respeto porque no disciplinas a los niños. Siempre dices: "No sé cómo hacerlo", o "No quiero hacerlo", o "Ese no es mi trabajo". Pero, querido, es tu papel como padre enseñar e instruir a nuestros hijos en la Palabra de Dios. ¿Por qué me lo avientas a mí? Me parte en mil pedazos ver que no te preocupa el cuidado de los hijos, porque antes de que estuviéramos casados, eso era de todo lo que hablabas. "Voy a tener una casa llena de niños", decías.

"¿Te casaste conmigo solo para producir a tus hijos, pero no para instruirlos y cuidar de ellos cuando estás en tu modo egoísta? Seguro, llevas a Johnny a las Pequeñas Ligas; pero siento que es más por presumir a tu prole que para estar con él y enseñarle algo. Me temo que lo que esté aprendiendo es cuán desagradable puede ser su padre cuando el equipo pierde o las cosas no salen como él quiere. Presumes a tu hijo, pero no le muestras atención en casa, ayudándolo con su tarea, con sus problemas en la escuela o sus problemas al crecer. No pareces tener interés en mostrarle cómo hacer las cosas. Seguro, le dices lo que debería hacer, pero muy rara vez te involucras en su mundo. Sí, intentas disciplinar a nuestra hija adolescente al decirle: 'Betty, recuerda, debes ser una buena hija y proteger el honor de tu familia. No permitas que nadie te vea haciendo algo malo, ya sabes cómo habla la gente'".

Los hombres somos culpables de no saber cómo disciplinar a nuestros hijos, algo que cada padre debería estudiar y aprender a hacer. Nos lavamos las manos diciendo: "Cada libro que leo es diferente, y nadie conoce la forma correcta, así que lo haré a mi modo y así lo dejaré". Esa es la típica estrategia masculina para esos asuntos, y eso es lo que está mal en nuestros matrimonios. Tomamos el camino fácil, asumiendo que realmente no importa lo que hagamos, así que no hacemos nada. Pero es nuestra responsabilidad como cabezas del hogar entrenar y disciplinar a nuestros hijos para que puedan ser libres: esa es la verdadera razón de la disciplina. Los hijos disciplinados por sus padres son saludables e íntegros de mente, cuerpo y espíritu.

Todo el tiempo hablo con hombres que hablan mal de cómo son los jóvenes de hoy, pero convenientemente olvidan la excusa de padres que han sido. Dicen algo como: "El problema con el mundo hoy día es que estos jóvenes no saben cómo trabajar. Se revelan y van por todo el país, destruyéndolo y dejándose crecer el cabello. Deberían cortarse el cabello y hacer crecer al país". Los padres que hablan así no pueden ver que todo es su culpa. Los padres han enseñado esto a sus hijos y ni siquiera lo saben. Piensan que todo lo que tienen que hacer es decir algo al hijo y éste lo hará. Los hijos aprenden más por sentimientos, actitudes y ejemplos que por palabras. La Biblia dice: "Instruye al niño en su camino". Se requiere mucho más que simplemente hablar para instruir.

He platicado con muchos adolescentes y jóvenes, y dicen una y otra vez: "Si papá y mamá fueran cariñosos uno con el otro, ¡qué diferente sería!". Cuando el padre no muestra amor por su esposa y no ejercita ninguna autodisciplina, entonces hay muy poca probabilidad de que cuando crezcan, sus hijos sean fuertes, sanos y honestos. Todos los días en esta sociedad se sufre aflicción tras aflicción porque los padres son lentos en su papel, muy tercos y muy rebeldes. Un padre tras otro, cuyas familias están en problemas, dicen: "Pensé que estaba haciendo lo correcto. Fui sincero en lo que estaba haciendo, pero ¿qué puedo hacer ahora? Es demasiado tarde". Mostraré en otro capítulo que no es demasiado tarde y que sí hay una solución y una salida a nuestro dilema. Pero justo ahora me gustaría señalar algunas pocas cosas más que están mal.

Cuando un hombre no muestra amor por su esposa —cuando se rebela contra ella y contra su rol como cabeza del hogar—, cuando actúa en su modo egoísta, pero da la impresión a los que observan que está escuchando, toda su familia queda dañada. El problema se asoma en los años de adolescencia y en la adultez temprana de sus hijos.

Un joven que tenía veintitantos años estaba a punto de perder su matrimonio, y mientras hablábamos, descubrí que en realidad odiaba a su padre por ser ese típico personaje pasivo-agresivo. Daba la impresión de estar escuchando, pero al final hacía lo que quería. Aplacaba a su esposa y era evasivo, sin nunca tomar ninguna parte activa en la vida familiar. El hijo reaccionó a esa actitud de su padre y exageró al punto de convertirse en un tirano. En vez de ser evasivo como su padre lo fue, él hablaba con crudeza y se convirtió en un intimidador. Su padre no tomaba decisiones, así que él tomaba todas las decisiones sin consultar o considerar a su esposa. Su padre rara vez tenía relaciones sexuales con su madre, así que este hijo trataba a su esposa como objeto sexual, dominándola por completo. El hijo estaba muy confundido, porque pensaba que si lo que estaba haciendo no funcionaba, y si lo que su padre había hecho era incorrecto, entonces, ¿cuál era la respuesta?

El punto al que voy es que cada generación titubea, porque nosotros, los padres hacemos lo mismo que nuestros padres hicieron o hacemos lo opuesto. Así que sucede una y otra vez, generación tras generación. Si nosotros como padres conociéramos la impresión que estamos dejando en nuestros hijos y pudiéramos ver cuáles serán los resultados, invertiríamos más tiempo y esfuerzo en aprender cómo ser la clase de padre y esposo que Dios quiere que seamos.

Usted puede ser un marido o padre que intenta disciplinar a su familia al retener el amor, pero no puede permitirse el hacerlo como política para ser firme, porque eso lleva a muchas situaciones graves. La disciplina involucra mucho más que nalgadas de vez en cuando o hablar o aplicar castigos. La disciplina es un proceso de enseñar principios de vida a través del ejemplo en la manera en que maneja sus problemas del día a día y cómo enfrenta la vida en general.

La mayoría de los hombres se sienten muy incómodos en el rol de líder espiritual y se han estado escondiendo detrás de las faldas de sus esposas. Tenemos que salir, aceptar nuestras responsabilidades y hacer lo que Dios nos destinó a hacer.

Estuve en un hogar hace algunos años y la esposa se estaba quejando de tener que levantar el tiradero que los hijos hacían cuando comían algo o se bañaban o jugaban o lo que fuera.

Le dije: "¿Qué hace su esposo?"

"Ah, él hace lo mismo", replicó ella. "Regaña a los niños por lo que hacen, pero él es el peor de todos". Dije: "Si el señor Day enseñara a los niños a respetar a su madre al mostrar él mismo respeto y consideración recogiendo sus cosas, entonces usted no tendría ese problema".

Un padre se quejaba: "Hablaría más con mis hijos, pero nunca están aquí. Siempre se van o andan haciendo algo".

Le dije: "¡Usted puede cambiar todo muy fácilmente!". "¿Cómo es eso?", preguntó.

"Todo lo que tiene que hacer es jugar con ellos, ayudarles con sus tareas, lavar los platos de la tarde con su hija adolescente, llevar a su hijo a lavar el auto con usted, cosas como esas".

"¡Ah!", exclamó, "Después de haber trabajado todo el día, solo me dan ganas de leer el diario y ver televisión. No sé cómo podría hacer eso".

Lo ve, mientras los hombres actuemos de acuerdo a cómo nos sentimos, sin hacer el esfuerzo extra y sin aplicar la energía para estar con nuestros hijos, seguiremos teniendo esos problemas arraigados y el caos en nuestra casa. No solamente los hombres hacemos lo que nos place, ni siquiera las cosas buenas que hacemos las hacemos con buena actitud, resintiendo cada minuto que no estamos viendo ese juego de pelota o que no estamos de cacería o en nuestro taller entreteniéndonos.

Una pareja vino a mi oficina en una de las iglesias en las que serví, cargados con ansiedades, ira y animosidad. Vertieron la historia de su hijo adolescente rebelde —drogas, robo, fiestas alocadas, actividad sexual con placeres lujuriosos—, todo el combo. Querían saber qué podían hacer. Me volví al esposo y le pregunté: "¿Cuánto ama a su esposa?". Se sorprendió y se molestó un poco porque había venido a hablar sobre el chico. Se sentía intranquilo hablando de sí mismo.

"La amo: Proveo mucho dinero y trabajo como mula por esta #%&^ familia. Sabe lo que quiero decir. Les doy todo lo que el dinero puede comprar. Ahora, respóndame, ¿cómo puede ir un hijo y hacer algo como eso a su padre, después de todo lo que he hecho por él?".

Traté de regresarlo al tema, así que pregunté: "Señor B., ¿cómo se llevan usted y su esposa?". Aún estaba muy molesto, y pude darme cuenta que estaba comenzando a ponerse susceptible. "Bueno, seré honesto con usted, pastor. Nos llevamos bien en tanto que ella no me fastidie. Pero cuando comienza a presionarme, me pongo nervioso y me voy por unos tragos. Sé que está mal, pero no puedo soportar esa eterna irritación".

Pude ver a su esposa comenzar a hervir y su rostro ponerse rojo, y se mordía la lengua. "Cada vez que se me hace tarde para algo, ella comienza con ese asunto de: "Nunca tienes tiempo para mí y para los chicos". ¿No puede tener un hombre algo de tiempo para él mismo también? Trabajo por muchas y arduas horas, y no necesito estar marcando tarjeta en ningún reloj. Así que, ¿cuál es el problema si llego unos minutitos tarde por alguna idiotez que ella quiere que haga?".

Para entonces, la señora B estaba a punto de explotar y yo estaba comenzando a tener un mejor panorama de la actitud del señor B, así que dije: "En otras palabras, ¿usted y su esposa no siempre se llevan muy bien?".

"Así es, predicador", replicó. "Pero como dije, si dejara de perseguirme, de echárseme encima y atosigarme, entonces tendríamos un poco de paz y tranquilidad en la casa. Pero, ¿qué tiene eso que ver con nuestro hijo, Pete? Ahí sí que tenemos problemas y necesitamos algo de ayuda".

"¿Tiene otros hijos?", pregunté.

"Sí", refunfuñó. "Dile, Sarah. A mí siempre se me olvidan esas cosas".

Pude sentir que Sarah estaba sangrando por dentro, pero logró tranquilizarse lo suficiente para decirme las edades y nombres de sus otros tres hijos, todos más jóvenes que Pete, el que estaba en problemas.

"Lo que quiero dejar claro, señor B", continué, "es que lo mejor que puede hacer por su hijo Pete y por los otros hijos que ha traído a este hermoso mundo es que usted y su esposa se lleven bien".

Pude ver a la señora B comenzar a relajarse un poco cuando me vio abordar el verdadero problema. El señor B no lo captó, ni la conexión entre su actitud hacia su papel como esposo y padre con la de su hijo, en rebelión. "¿Puedo hacerle algunas otras preguntas, señor B?", inquirí.

"Lo que quiero saber", interrumpió con ironía, "¿esto me va sacar de este lío en el que el tonto de mi hijo me metió? ¡Caray! Tengo un buen nombre en este pueblo y voy a la Primera Iglesia siempre que no tengo algo más que me impida ir, soy miembro del Club Rotario, y entreno a uno de los equipos de las Pequeñas Ligas. Por cierto, no hemos perdido un maldito partido todavía. Trabajo como burro con esos mocosos. Eso podría ayudarle, ¿eh, pastor?". Sonreí, aunque mi estómago estaba a punto de voltearse.

"Por cierto, predicador", continuó, "¿cuáles eran esas otras preguntas que iba a hacerme?".

Bueno, señor B., ya ha respondido a la mayoría de ellas", comenté. Luego lo miré directo a los ojos y pregunté: "¿Usted conoce al Señor Jesucristo?". Estaba perplejo y dijo: "Ya le dije que voy a la iglesia cada vez que puedo. Oiga, no vaya a comenzar con el asunto religioso ahora, ¿eh? ¡Vaya! No necesito que me prediquen hoy. Todo lo que necesito que me diga es qué puedo hacer para hacer entrar en razón a ese hijo loco de Sarah".

Me miró, volvió a sonreír y dijo: "Por cierto, pastor, sé que le gusta el futbol, y resulta que tengo en mi poder algunas entradas extra al partido de Florida contra Georgia. Se las voy a dar por ayudarme, y es posible que también vaya alguna vez a su iglesia. ¡Pero por favor, tiene que ayudarme a hacer algo con este problema!".

Por dentro estaba alabando al Señor por este cruel y vulgar hombre, tan lleno de un orgullo repugnante que había arruinado su hogar y su propia vida. Estaba pensando: "Gracias, Señor, por este hombre, y te agradezco por amarlo a través mío, porque tú sabes que yo no puedo. Gracias por mostrarme ahora cómo ayudar a que este hombre venga al conocimiento salvador de tu gracia y a confiar en ti como su Señor".

Mientras hacía esa oración de alabanza, vi que el señor B. puso la cabeza entre las manos, y después de lo que parecieron minutos, escuché que comenzó a llorar. La señora B. levantó la vista con una expresión de esperanza y movió su silla más cerca de él y le puso la mano en el hombro. Sentí amor y ternura y luego él levantó la vista con lágrimas corriendo por su rostro, y sollozó: "Pastor, supongo que he hecho el ridículo, ¿cierto?, hablando como lo he hecho, tratando de esconder lo que sé que debe de ser pecado en mi corazón. No sé qué vino sobre mí, pastor, porque no había llorado nunca antes, excepto la vez en que mi papá murió y me dejó solo, cuando tenía trece años, y luego lloré bajo los árboles en donde nadie pudiera verme.

"Señor B., ¿se da usted cuenta de que es un pecador?", pregunté. "Bueno, pensaba que era un muy buen chico cuando llegué aquí; pero de repente, estoy comenzando a ver que mi corazón está tan negro como los zapatos que tengo puestos. Sí, sé que soy un pecador".

"¿Sabía que el Señor Dios ha hecho algo para usted que hará que su negro corazón se vuelva blanco como la nieve?", continué. Pensó un momento y luego comentó: "Cuando fui a la iglesia, la Semana Santa pasada, recuerdo que el predicador dijo algo de que necesitábamos alabar a Dios por resucitar a Jesús de la tumba de muerte en la que estaba porque él había muerto por mis pecados. Pero, para ser sincero, no lo entendí entonces. ¿Qué significa eso?".

"Aquí", dije, mientras Dios me revelaba un versículo, "déjeme leerle lo que Dios ha dicho".

> *"Mas Dios muestra su amor para con nosotros, en que siendo aún pecadores, Cristo murió por nosotros. Pues mucho más, estando ya justificados en su sangre, por él seremos salvos de la ira"* (Romanos 5:8, 9).

"¿Quiere decir que con todo y lo malo que he sido hacia mi familia, y con lo egoístamente que he vivido, él me hará libre?", preguntó con entusiasmo.

"Lo hará con una condición", respondí.

"Bueno, si eso significa renunciar a mis tragos, no creo poder hacerlo", respondió.

"No, no es eso", dije.

"Voy a ser franco con usted, predicador. Me gusta ir a la iglesia de vez en cuando, pero si tengo que ir cada domingo, entonces olvídelo", espetó.

"No, tampoco es eso", dije. Lo vi despabilarse un poco, y comprendí que esos eran un par de impedimentos que él sabía que no podría simplemente abandonar y comenzar, y yo agradecí su honestidad.

"Si no es eso, entonces, ¿cuál es la condición para que pueda sacar este pecado de mi corazón?", preguntó. Regresé a Romanos 10:9-10 en la Biblia y comencé a leer:

> *"...que si confesares con tu boca que Jesús es el Señor, y creyeres en tu corazón que Dios le levantó de los muertos, serás salvo. Porque con el corazón se cree para justicia, pero con la boca se confiesa para salvación".*

Cuando dejé de leer y él levantó la vista, su rostro brillaba, y supe que había comenzado a entender la gracia de Dios para su propia vida, y dijo: "¿Quiere decir que Dios no me está pidiendo que cambie, pero que me ama tal como soy y que todo lo que tengo que hacer para salir del atolladero es creer que Dios levantó a Jesús de los muertos?".

"Así es", dije. ¿Quiere aceptarle en este momento como Señor de su vida?".

Miré a su esposa, y estaba muy emocionada, se veía como un árbitro que acaba de anunciar una anotación. Mi corazón latía, porque sabía que si se humillaba para confiar únicamente en Cristo para su salvación eterna, entonces también podría confiar en él para que se ocupara de todos esos problemas diarios, no importando qué tan mal se vieran, incluso este asunto con su hijo Pete. "Ya lo decidí, predicador. ¡Sí, ya me decidí!", exclamó. No tuve que preguntar cuál había sido su decisión porque se sentía el dulce sabor de la victoria en esa pequeña oficina, y sabía que el Espíritu Santo había hecho una anotación, incluso con ese hombre tan orgulloso. "Lo voy a hacer, voy a dejar que Jesús entre en mi corazón, y lo voy a dejar que sea el rey", fue su clamor triunfante. Yo estaba pensando: "¡Aleluya!".

> *Sálvanos, Jehová Dios nuestro, y recógenos de entre las naciones, para que alabemos tu santo nombre, para que nos gloriemos en tus alabanzas"* (Salmos 106:47).

Nos arrodillamos juntos, él y su esposa tomados de la mano, y le pedí que orara esta oración, y que creyera:

> "Señor, confieso que soy pecador. Gracias por morir por mí, y gracias por perdonarme mis pecados. Ahora, Señor Jesús, entra en mi corazón. Gracias por venir a vivir a mi corazón, gracias por darme a tu Santo Espíritu, y gracias por darme vida eterna. En el nombre de Jesús, amén.

6

BAJO NUEVA ADMINISTRACIÓN

Un hombre tenía dificultades con sus dos hijos adolescentes. Uno de los chicos se metió en problemas con la ley, así que cuando fui a la corte a tratar de darles algo de apoyo moral y tratar de ministrar a sus necesidades, el señor Smith preguntó: "Page, ¿por qué Mike me está dando tantos problemas?". Yo sabía que esa iba a ser una oportunidad para testificar de la autoridad de Cristo, así que pensé: "Señor, no sé qué decir ahora, así que dependo de ti para que me des las palabras".

"Señor Smith, ¿puedo hacerle unas breves preguntas sobre su relación con Mike?", pregunté.

"Seguro", contestó, pero pude darme cuenta que no estaba muy cómodo con la idea de que yo me entrometiera en sus asuntos privados. "¿Le ha parecido que Mike le haya faltado el respeto en alguna ocasión?", indagué.

"No 'parece que'", argumentó el señor Smith, "y no en una sola ocasión. Nunca muestra respeto. No sé qué voy a hacer con ese chico. No llega a tiempo, se está dejando crecer el cabello y no se lo corta, está descuidando la escuela y probablemente repruebe. ¡Oiga! Estoy harto de sus modos bruscos. Creo que me dará gusto verlo en la cárcel, solo que deje de molestar".

Para entonces, estaba yo percibiendo sentimientos de animosidad de parte del padre y sabía que definitivamente había una acumulación de fricciones e ira entre ellos dos.

"¿Cuál es su relación con el Señor?", pregunté. Podía ver su rostro cambiar de rojo de ira a blanco de susto. Se la pasó cambiando de posición, y cuando se recobró del impacto (la mayoría de los hombres no esperan o no les gusta ese tipo de pregunta), espetó: "Bueno, predicador, no veo qué tiene que ver eso con Mike y que está aquí en la corte".

Me estaba diciendo que dejara de molestar, de la forma más amable que conocía; pero me gusta ir directo al problema, así que respondí: "Señor Smith, tiene todo que ver. ¿Diría que usted y el Señor están en buenos términos el uno con el otro?".

Explotó en maldiciones. "No estoy de humor para hablar de religión en este momento. De veras que es valiente. ¿Qué quiere probar?".

Dándome cuenta que había tocado un punto amargo y doloroso, pensé: "Señor, ahora tengo a un hombre furioso en las manos, así que te agradezco por tocar a este hombre y usarme para hablarle, pero por favor, no dejes que me golpee". Vi al señor Smith con su puño cerrado y lo miré directo a los ojos, y dije: "No estoy tratando de probar nada, Sam. Solo me preguntaba si ha hablado con el Señor sobre usted y sobre su problema con su hijo. No sé por qué se pone tan tenso".

Lo que el señor Smith no sabía era que yo había hablado con su hijo en varias ocasiones y que él me había dicho cómo lo amenazaba y golpeaba su padre, cómo se había enredado con otras mujeres casadas, cómo trataba a su madre sin respeto y con repulsión; cómo se embriagaba y se iba durante el fin de semana y cómo la familia se sentía intimidada cuando regresaba a casa porque era muy malvado y cruel; cómo se sentía rechazado y no amado, y cómo sentía que su padre casi se molestaba por tenerlo cerca".

"Sí, yo sé por qué estoy tenso", refunfuñó. "Es porque tengo un hijo tonto en la corte hoy, cuando debería estar trabajando, y me está costando tiempo y dinero. ¡Después de todo lo que he hecho por ese muchacho! Y encima de todo, me pregunta usted si he hablado con el Señor. ¿Qué puede hacer el Señor al respecto? Lo que este muchacho grosero necesita es estar en la cárcel unos meses. Entonces apuesto que se enderezará. Pero si viene a casa, le voy a agarrar a patadas".

"Eso no parece funcionar, ¿no es así?", pregunté. "¿No ha probado eso antes?".

"¿Está tratando de decirme, Page, que la oración puede hacer más que una patada en el trasero?", preguntó atónito. Me di cuenta que estaba siendo sarcástico y sin embargo había una oportunidad de que realmente quisiera saber, así que lo tomé en serio y contesté: "Le diré lo que yo creo. Si admite delante de su hijo que esto es demasiado grande para usted y que no ha estado bien con el Señor ni con su hijo, y que quiere arrodillarse con Mike y pedir al Dios todopoderoso que le ayude a solucionar esto, entonces dentro de pocas semanas van a tener el problema dominado".

Todavía se le veía perplejo y sorprendido, como si se le hubiese abierto una puerta a un mundo completamente nuevo, que nunca había creído que existiera y que no quería explorar porque sabía que tendría que cambiar.

"¡Ni en broma! ¿Está loco? ¿Quiere que admita que algo de este asqueroso desastre es mi culpa?", preguntó.

"No", respondí. "Quiero que admita que todo es su culpa y, de hecho, es usted: Usted es el problema".

"Usted sabe bien que no voy a aceptar esas &^%$$ estupideces", argumentó. "Este muchacho hace lo que quiere, y siempre me ha dado problemas".

"¿Cómo lo manejaba cuando tenía dos o tres años de edad?", pregunté.

"Predicador, las preguntas que hace son las más estúpidas", gritó. "Rayos, no puedo recordar eso. Además, yo no estaba mucho en casa, ya sabe, uno tiene que ganarse la vida. Usted no me cae bien. Siempre está en su casa, ¿no es así?". "Gracias, Dios, necesitaba eso", pensé para mí mismo. El señor Smith es como muchos de nosotros, los padres. Cuando menospreciamos el papel de autoridad en el cuidado de los hijos, por cualquier razón, entonces esta cualidad dada por Dios se distorsiona, y eso oscurece el orden divino de nuestra libertad y nuestra justicia.

Dios ha establecido un orden para esta libertad y justicia en las prohibiciones de los Diez Mandamientos, pero es en el positivo quinto mandamiento que está la piedra angular de la libertad humana. "Honra a tu padre y a tu madre". Esto significa respetar el papel de autoridad hallado en la función paternal. Dado que somos hijos de Dios, como sus hijos debemos honrar su autoridad, ya sea repartida a nosotros como queramos o no. Dios es siempre imparcial y completamente justo, así que cuando un hombre es "controlado" por el Espíritu Santo, es capaz de respetar la autoridad de Dios, habilitándolo y calificándolo para ejercitar la autoridad él mismo. Este principio de autoridad es dado por Dios en su providencial y soberano cuidado para la protección y libertad de los individuos, hogares y naciones. Por lo tanto, si los padres fallamos en enseñar este concepto a nuestros hijos, ya sea por precepto o siendo un mal ejemplo, entonces seguramente la desintegración, el desorden y la destrucción serán inevitables en este gobierno del hogar y del país. El señor Smith era buen ejemplo de un padre que comenzaba a cosechar desorden y desobediencia por lo que había sembrado cuando sus hijos eran chicos.

"No me voy a quedar aquí para que me diga que todo este *&^$$# problema es por mi culpa. ¿Ustedes los predicadores no tienen nada mejor que hacer que meter la nariz en los asuntos ajenos?", se quejó el señor Smith.

Dado que le había pedido a Dios protección de un golpe en la nariz y puesto que ya había llegado tan lejos en este asunto, me sentí guiado a proceder con precaución. "Sam, si yo lo viera plantar semillas de sandía y luego lo imitara, ¿cuál cree usted que sería el resultado?". Sin dudarlo, el señor Smith respondió: "Tendría sandías como las mías".

Luego pregunté: "Si usted le falta al respeto y desobedece a su Padre Celestial y su hijo lo imita, ¿cuál cree que sea el resultado?". Se le puso blanco alrededor de la boca y luego replicó: "No me gusta lo que está señalando, predicador, pero creo que estoy comenzando a ver a qué se refiere. Quiere decir que si yo no reconozco la autoridad de Dios sobre mi vida, entonces mis hijos no reconocerán mi autoridad sobre ellos?".

"Usted dijo, Sam", le recordé, "que Mike nunca le muestra respeto y ha sido rebelde toda su vida. Eso es porque usted no se tomó el tiempo como padre para enseñarle a respetar la autoridad cuando era pequeño".

"Bueno, ¡caramba!", respondió. "Creí que estaba haciendo justo eso cuando lo agarré a palos, lo llevé a las Pequeñas Ligas, y lo obligué a hacer lo que yo decía".

"¿Alguna vez habla mal del gobierno?", le pregunté.

"Usted sabe que sí. Tengo un negocio propio, y cada vez que doy la vuelta, son más impuestos y más documentos que llenar.

Y, además, mientras me parto el lomo trabajando, el gobierno le da el dinero de mis impuestos a esos perezosos que viven de la asistencia social".

"Bueno, ¿qué hay acerca de sus impuestos que van para pagar a los agentes del orden, y esta corte en la que su hijo está ahora, y la cárcel donde lo pondrán?", pregunté.

"Eso es otra cosa", dijo. "si esos policías solo hicieran su trabajo y dejaran de estarme cazando cada vez que me paso una luz roja, rebaso la velocidad límite o me paso del tiempo de estacionamiento, no me importaría". "¿Qué piensa de las Fuerzas Armadas?" pregunté.

"Creo que es una estafa", dijo con un tono de malhumor. "Que me disparen en el $%&$ para que esos muchachos puedan andar en el barrio robándome las herramientas para poder darse otro "viaje". ¡Caray! No sé a dónde irá a parar este país", respondió. Yo contesté: "No es a dónde irá a parar el país, sino lo que vino a parar al país".

"¿Qué quiere decir con eso?", preguntó. "Quiero decir que el Señor viene a este país, y cuando venga a su corazón y al mío y nos rindamos a su autoridad, entonces este país estará en orden, paz y justicia", respondí.

"Ahora ya comienza a decir cosas con sentido, predicador", admitió, "pero voy a ser honesto con usted. No me voy a rendir al Señor ahora. Soy joven y hay muchas $^%#! cosas que disfruto hacer".

"Hay muchas cosas que podría decir sobre eso, Sam", comenté, "pero permítame hacerle una pregunta. Si no se somete a la autoridad del Señor y a su voluntad, ¿cómo planea sacar a su hijo del problema en el que está? ¿Y qué pasará con sus otros hijos?".

Mientras hablaba con el señor Smith, tuve el fuerte presentimiento de que no le habían enseñado este concepto de autoridad cuando era pequeño, porque pude ver que sus objetivos y su moral eran horribles y torcidos.

"Para eso están ustedes los predicadores, ¿no es así?" dijo. ¿No se supone que ustedes están para jugar con los niños y enseñarles esas cosas?".

Pensé que era un buen momento para inyectar una idea un poco más profunda en la conversación, así que respondí: "El respeto por la autoridad debe aprenderse temprano en la vida, y esa es la responsabilidad del padre. Mientras su niño crece y madura, sabrá cómo respetar el papel de la autoridad de su jefe de exploradores, su entrenador de futbol, el agente del orden, su instructor militar, su pastor, o su presidente. Ese es un trabajo de casa, y dado que Dios decretó que usted sea la cabeza de su hogar, recae sobre usted". Abrí mi Nuevo Testamento y leí de Efesios, mientras él se sentaba lentamente y escuchaba.

> *"Hijos, obedeced en el Señor a vuestros padres, porque esto es justo... Y vosotros, padres, no provoquéis a ira a vuestros hijos, sino criadlos en disciplina y amonestación del Señor"* (Efesios 6:1, 4).

"Yo pensé que ustedes los predicadores pasaban todo su tiempo en la iglesia. Pero aquí están predicando un sermón en la corte", respondió con una sonrisa en su rostro.

Respiré aliviado y dije en voz baja: "Gracias, Señor".

"Le diré qué", dijo Sam mientras su abogado daba vuelta en la esquina con Mike al lado. "Yo y mi hijo vamos a ir a verlo mañana, y veremos si podemos comenzar a enderezarme".

Vino al día siguiente, y comenzamos una serie de sesiones de consejería que probaron ser una experiencia muy fructífera para esa familia. El señor Smith llegó a conocer al Señor en forma personal, y como resultado, su esposa y sus hijos lo vieron cambiar de rebelarse contra Dios y su familia, a aceptar la autoridad divina y el orden correcto como esposo y padre.

Mike estaba un poco escéptico al principio, así como su madre, cuando el señor Smith les dijo que había recibido a Jesús y que le buscaba de ahora en adelante. Pero el señor Smith tomó la Palabra de Dios en serio y escuchó Hebreos 12:2.

> *"Puestos los ojos en Jesús, el autor y consumador de la fe, el cual por el gozo puesto delante de él sufrió la cruz, menospreciando el oprobio, y se sentó a la diestra del trono de Dios".*

En la medida que Sam comenzó a imitar el ejemplo de Cristo, comenzó a estar dispuesto a hacer morir su narcisismo y a comenzar a involucrarse totalmente en su vida familiar, luego comenzó también a cosechar el gozo de un lugar de honor a los ojos de su esposa e hijos. Mientras se involucraba más y más en la vida de su familia y en la gran familia de Dios, aprendió que hay una batalla constante entre el reino de la justicia de Dios y el reino de la maldad y destrucción de Satanás. Aprendió que este conflicto batallaba dentro de él, en su alma, y que necesitaba constantemente estar alerta, vigilar, hacer un inventario y usar el principio de la cruz de morir a sí mismo.

> *"Mirad bien, no sea que alguno deje de alcanzar la gracia de Dios; que brotando alguna raíz de amargura, os estorbe, y por ella muchos sean contaminados"* (Hebreos 12:15).

Aprendió que entre más aprendía, más feroces eran las tentaciones y los ataques del enemigo, y que el enemigo usaría tácticas muy sutiles para entorpecer su testimonio como líder espiritual de su hogar.

Vi a Sam un día tras una clase bíblica y dijo: "¡Page, ahora sé lo que soy!"

¿Y qué es?", pregunté.

"¡Soy una de esas baterías de larga duración!", exclamó. "Mi vieja naturaleza de rebelarme y de resentirme contra mi esposa e hijos sigue regresando, Page", dijo. "El viejo yo vuelve a revivir".

"Sé a lo que te refieres", comenté, recordando que incluso años después de doctrina bíblica y teología, yo mismo resistía la obra de la cruz en mi hombre exterior. Esa es mi naturaleza de auto sustentarme, auto motivarme, ser autosuficiente, narcisista, creerme superior. En otras palabras, me gusta (ego) ser "individualista", y es muy, muy difícil deshacerme de la cómoda posición de gobernante de mi propia vida y destino. Sé que es cierto por mi propia experiencia, así que sé que era cierto en la vida de Sam, que había avanzado tanto en aprender los caminos de Dios.

Los caminos de Dios son siempre difíciles de aprender, incluso para aquellos héroes bíblicos a los que nosotros, los aficionados, hemos hecho más heroicos que la misma Biblia. Ahora estoy pensando en el carácter de Jacob, quien requirió toda una vida para ser "golpeado" por Dios para finalmente darse cuenta de la forma en que Dios opera en este, su mundo. Es inspirador para mí leer acerca de los ancianos que, como yo, aprendieron a través de sus tonterías y circunstancias de vida que la providencia de Dios los transformó en "santos" y padres de nuestra fe. Es por su fe que agradaron a Dios.

> *"Y todos éstos, aunque alcanzaron buen testimonio mediante la fe, no recibieron lo prometido"* (Hebreos 11:39).

Los padres nos volvemos héroes de nuestros hijos, pero a menos que nos vean luchando con la autoridad de Dios en vez de menospreciarla, habremos falsificado su fe en nosotros y nos volveremos "engañadores" como nuestro padre el diablo.

> "*Y aquéllos, ciertamente por pocos días nos disciplinaban como a ellos les parecía, pero éste para lo que nos es provechoso, para que participemos de su santidad. Es verdad que ninguna disciplina al presente parece ser causa de gozo, sino de tristeza; pero después da fruto apacible de justicia a los que en ella han sido ejercitados*" (Hebreos 12:10, 11).

Cuando comenzamos a ser instruidos por Dios, es muy fácil regresar a nuestro viejo caparazón donde se está cómodo. El hombre exterior es una vasija para el Espíritu Santo en el hombre interior. Pero cuando imitamos a Satanás, atrapamos al Espíritu Santo que está dentro de nosotros y dependemos de nuestra propia inteligencia, velocidad, intelecto, elocuencia y emociones, eligiendo así desobedecer la autoridad de Dios. En una ocasión, Jesús dijo a los líderes de los judíos que querían discutir ese punto:

> "*¿Por qué no entendéis mi lenguaje? Porque no podéis escuchar mi palabra. Vosotros sois de vuestro padre el diablo, y los deseos de vuestro padre queréis hacer. Él ha sido homicida desde el principio, y no ha permanecido en la verdad, porque no hay verdad en él. Cuando habla mentira, de suyo habla; porque es mentiroso, y padre de mentira. Y a mí, porque digo la verdad, no me creéis*" (Juan 8:43-45).

Así que yo sabía lo que Sam quería decir cuando dijo que era de larga duración. El señor Sam Smith no está solo en esto. Conozco a otro hombre que se rebelaba contra la autoridad de Dios y por lo tanto se halló hasta el cuello en problemas familiares. Como substituto para el placer y el gozo que debió haber obtenido en su casa, buscó frenéticamente placeres en varias experiencias sexuales extramaritales. Cuando los hombres hacen eso, siempre terminan con un pobre sustituto y terminan en una peor desgracia. Así fue en el caso de este hombre, pues perdió su trabajo, su familia y sus amigos. Ese es un precio muy alto qué pagar por unos pocos momentos de fugaz placer.

> *"...no sea que haya algún fornicario, o profano, como Esaú, que por una sola comida vendió su primogenitura. Porque ya sabéis que aun después, deseando heredar la bendición, fue desechado, y no hubo oportunidad para el arrepentimiento, aunque la procuró con lágrimas"* (Hebreos 12:16, 17).

Dios le ha dado a usted a la mujer correcta para satisfacer todas sus necesidades, pero si se aleja de ella y de Dios, entonces perderá el derecho a su herencia y a ser su autoridad. Si ya ha cambiado su primogenitura por un momento pasajero de placer para satisfacer un impulso biológico o emocional, entonces verdaderamente ha traicionado a su esposa, a sus hijos, e incluso a usted mismo.

Cuando un hombre es superado por cualquier falta, siempre hay una salida a la situación. Muchos se pierden de ver la salida porque es una solución muy simple. Comprenda que Dios le ama tal como es, y que Cristo pagó por su pecado. La obra de Cristo en la cruz ha provisto la posición correcta entre usted y Dios, pero debe reconocerlo, creerlo y responder a ello.

> *"Si confesamos nuestros pecados, él es fiel y justo para perdonar nuestros pecados, y limpiarnos de toda maldad"* (1 Juan 1:9).

Primero que nada, debemos ser obedientes a lo que Dios dice que debemos hacer. La mayoría de los hombres con los que he tenido que tratar este asunto sienten que la forma de manejar sus problemas personales es dar una cantidad sustancial de dinero a la iglesia, pero no es así. En lugar de eso, admita delante de Dios que se ha pasado de la raya. Tan simple como eso. No hay necesidad de regatear con Dios, ni de rogarle, ni de pagarle con alguna ajetreada actividad religiosa. Solamente diga: "Está bien, Señor, lo hice, yo soy el que está mal". No tiene ni siquiera que derramar amargas lágrimas. De hecho, puede que se sienta bien por estar siendo infiel, pero Dios quiere escucharle admitir que está mal, que ha pecado y que es un fabricante de pecado. En segundo lugar, debe darse cuenta que Dios no va a darle una penitencia horrible para resarcir su irresponsabilidad y su pecaminosidad. No hay necesidad de eso, ya que toda la ira de Dios ya fue pagada "en Cristo" cuando él cargó nuestros pecados en la cruz del Calvario.

Si usted es un hombre que ha roto su relación con la familia de Dios, que se ha traicionado a sí mismo y está en la pocilga incrustado y amargado en el mercado de esclavos del pecado —un imbécil espiritual—, entonces empápese de la Palabra de Dios y no se embriague con vino, donde hay desorientación, sino llénese del Espíritu Santo. Cuando usted confiesa, Dios lo limpia con la sangre de Cristo, y esa alma de chiquero se convierte en el santo templo para que el Espíritu de Cristo establezca su residencia y gobierne su mente, sus emociones, su voluntad y domine su vieja naturaleza de lujuria y egomanía.

¿Por qué no tomar un momento ahora mismo para poner en orden y solucionar este problema (el problema en el que usted mismo se ha metido)? Tal vez haya sido infiel a su mujer; tal vez haya negado su papel de autoridad en su hogar; tal vez se haya envuelto demasiado en sus negocios o haya quedado atrapado en un círculo vicioso de trabajo ilegal, tratando de cubrir sus apuestas con dinero robado de tratos ilegales e ilegítimos. Tal vez esté cometiendo los terribles pecados de preocupación, temor, odio, venganza, auto conmiseración, celos, etcétera. Podría estar cometiendo ahora mismo otros pecados, y eso es la rebelión y la testarudez; si lo hace, entonces permanecerá en su desgracia hasta que decida confesarlo. Puede comenzar ahora mismo haciéndose el mayor favor para su vida al abrirse a la Palabra de Dios y darse usted mismo como instrumento de Dios. Repita esta oración con fe: "Señor, confieso que soy pecador. Te invito ahora a llenarme con tu Espíritu Santo. ¡Aleluya! Gracias. En el nombre de Jesús, amén".

Oí por accidente a un par de hombres hablando en el corredor de la iglesia un domingo, y esto fue lo que escuché:

"Ya sabes que no he asistido siempre a la iglesia. Incluso cuando mi esposa y yo nos casamos hace diez años, ella estuvo importunándome para acompañarla a ella y a los niños a la iglesia y para hablar con un ministro. Creía que los ministros eran asquerosos; pero finalmente me harté de que me estuviera molestando y decidí ver qué era aquello tan importante que un ministro tenía que decirme. Fui a su oficina como hombre perdido y salí siendo salvo. ¿Sabes que fue la primera vez en toda mi vida que estuve en paz? Realmente en paz con Dios y con mi familia, e incluso conmigo mismo. Esa es una de las veces en que agradezco haber escuchado a mi esposa". Mientras se alejaban por el corredor, le escuché decir: "¿Alguna vez tu esposa ha tratado de que hables con un ministro?".

Las esposas son puestas en posiciones muy incómodas en las que deben de someterse a la autoridad de sus maridos. Su vida espiritual y su protección de las fuerzas satánicas dependen de sus esposos, así que cuando fracasamos en ofrecer la autoridad y dirección espiritual apropiadas, ellas sufren las consecuencias.

Por lo tanto, no es extraño que las esposas estén ansiosas porque veamos la luz y descubramos la crueldad de descuidar el papel de autoridad espiritual. Nosotros los hombres dejamos a nuestras esposas dos alternativas: o sufren calladamente el malvado abuso de un esposo demasiado egoísta como para expresarlo con palabras, o importunan, se rebelan y pelean por sus derechos. Si usted está enojado con su esposa por querer tomar la autoridad espiritual de su hogar, entonces es una malvada y miserable excusa de hombre.

> *"Vosotros, maridos, igualmente, vivid con ellas sabiamente, dando honor a la mujer como a vaso más frágil, y como a coherederas de la gracia de la vida, para que vuestras oraciones no tengan estorbo"* (1 Pedro 3:7).

No es su esposa contra quien usted está peleando cuando trata de negarle la protección espiritual de un hombre piadoso, es contra Dios mismo. Porque Dios ha designado que el hombre sea responsable por la mujer y ante Cristo. Por lo tanto, le puedo decir inequívocamente: Si se rebela contra la ley de Dios, es usted un perdedor. Y puedo decirle con la misma certeza que si se somete a la autoridad de Cristo y asume sus responsabilidades como cabeza espiritual de su esposa, entonces usted será el ganador.

Jesús dijo: "No he venido a ser servido, sino a servir". Fue cuando supo que el Padre le había dado todo y que había venido de Dios e iba hacia Dios, que se envolvió una toalla en la cadera y comenzó a lavar los pies de sus discípulos y a secarlos con la toalla. Permítame hacerle una pregunta en este momento. ¿A cuántos hombres conoce que sean fuertes, leales y suficientemente seguros para servir a su familia como Cristo sirvió a estos discípulos, la familia que él escogió? Permítame hacerlo más personal: ¿Sirve usted a su familia o hace que le sirvan a usted? ¿Piensa que es un gran padre o esposo porque se ha exaltado a sí mismo como realeza en su familia? De acuerdo a la divina Palabra de Dios, nuestra grandeza viene de ser siervos, no de ser servidos.

> *"El que es el mayor de vosotros, sea vuestro siervo. Porque el que se enaltece será humillado, y el que se humilla será enaltecido"* (Mateo 23:11, 12).

Un día, en una fiesta escuché a un desacertado esposo decir a su esposa: "Yo soy el rey de esta casa. Ve y consígueme más dulces". Luego se rió, se volvió hacia mí y dijo: "¿No es así, predicador?".

Como ve, los hombres somos tan egocéntricos que nos sentimos muy inseguros con la idea de ser un siervo. Se necesita valor para servir a la esposa o hijos, porque la gente alrededor dirá que uno es mandilón, y ningún hombre quiere ser un mandilón. Pero hay una diferencia entre un hombre mandilón y uno que es siervo. Un esposo que ama a su esposa tanto que ha quitado su narcisismo del trono hace cualquier cosa que esté en su poder para ver por las necesidades de su esposa. Le sirve, como siervo, voluntaria, gentil y felizmente, porque la ama y no a sí mismo. Pero el hombre que es mandilón es un individuo débil, que permite que su esposa lo amedrente todo el tiempo, y por supuesto, eso es repugnante.

Lo que debe quedar muy claro es que el hombre que cree que es genial al ser servido por su familia está fuera de tono con el concepto bíblico de autoridad. Jesús tuvo toda la autoridad, y con todo, se humilló a sí mismo como esclavo de los hombres, llegando incluso a morir como un criminal en una cruel cruz.

> *"Por lo cual Dios también le exaltó hasta lo sumo, y le dio un nombre que es sobre todo nombre"* (Filipenses 2:9).

El más grande marido y padre es aquel que mejor sirve y vela por cada necesidad y detalle de su familia. De ese modo acata las normas del plan de Dios, y como resultado será exaltado por Dios y su familia a un lugar de honor para la gloria de Dios, el más grande Padre de todos.

La mayoría de los hombres tienen temor de que terminen haciendo todos los sacrificios y todo el trabajo. Este miedo los lleva a dudar de la obra de Dios, y de esa manera fracasan en seguir hasta el fin, se echan atrás y regresan a su camino egocéntrico, un camino al que Dios nunca tuvo pensado que fueran. *"Jesús le dijo: Yo soy el camino, y la verdad, y la vida; nadie viene al Padre, sino por mí"* (Juan 14:6). Usted y yo decimos con Felipe: *"Señor, muéstranos el Padre, y nos basta"* (Juan 14:8). Está en la naturaleza del hombre, querer probar, notarse, ver y sentir con sus propios sentidos. Pero si un hombre no puede hacerlo en fe, no puede complacer a Dios. No significa que Dios no quiera que nos probemos, hay mucho de ello disponible para cada hombre, pero es solo en fe que un hombre es capaz de verlo.

Somos como Tomás, el Dídimo (gemelo). Somos su gemelo, porque queremos evidencia. Pero Jesús le dijo a Tomás, y nos dice a nosotros: *"Luego dijo a Tomás: Pon aquí tu dedo, y mira mis manos; y acerca tu mano, y métela en mi costado; y no seas incrédulo, sino creyente"* (Juan 20:27). Cuando hemos probado estos principios de Jesús, entonces nuestra respuesta también será como la de Tomás: "¡Señor mío, y Dios mío!".

Estoy diciendo que tenemos a Dios y a nuestra herencia por medio de Jesús, porque él es el camino, la verdad y la vida.

En Jesús está la verdad, entonces mejor prestemos atención, o vamos a perdernos de la vida abundante que Dios ha preparado para nosotros incluso antes de que naciéramos.

> *"En quien tenemos redención por su sangre, el perdón de pecados según las riquezas de su gracia, que hizo sobreabundar para con nosotros en toda sabiduría e inteligencia"* (Efesios 1:7, 8).

En otras palabras, este principio de ser siervo nos fue dado para nuestro beneficio como esposos y padres, y si lo creemos y permitimos que Jesús sea el Señor de nuestra vida, entonces Dios derramará todas las riquezas de su gracia.

Toda la autoridad fue dada a Jesús porque él fue a la cruz y murió como un criminal. Pero somos criminales en que hemos violado groseramente la ley de Dios que dice que debemos amar a nuestras esposas como Cristo amó a la iglesia y se dio a sí mismo por ella. Y si usted y yo vamos a la cruz de Cristo en fe y morimos a nosotros mismos, entonces Dios nos levantará y nos dará autoridad tal como él se la dio a Cristo.

Jesús preguntó a sus discípulos: "¿Podéis beber del vaso que yo he de beber, y ser bautizados con el bautismo con que yo soy bautizado? Y ellos le dijeron: Podemos". Aunque no sabían lo que involucraba este servicio de bautismos, estuvieron dispuestos, pero Jesús tuvo que decirles: *"El que quiera hacerse grande entre vosotros será vuestro servidor"*.

De modo que, si es esclavo en su propio hogar, será un esclavo feliz, porque está imitando a Cristo. ¿Está usted ayudando en su hogar?, entonces es diferente a otros hombres, porque no trata con prepotencia a su familia. Somos esclavos de nosotros mismos y a Satanás, o del Salvador. Si somos esclavos de nosotros mismos, somos los más miserables y estamos muy confundidos; pero si somos esclavos de Jesús y de nuestros hogares, estamos celebrando una fiesta y un festín al que asisten los ángeles y Dios mismo.

Su hogar es una experiencia festiva y gloriosa cuando su autoridad viene a través del reconocimiento de quién es usted, un hijo y un heredero del Padre Todopoderoso a través del servicio.

> *"Y repentinamente apareció con el ángel una multitud de las huestes celestiales, que alababan a Dios, y decían: ¡Gloria a Dios en las alturas, y en la tierra paz, buena voluntad para con los hombres!"* (Lucas 2:13, 14).

De acuerdo al canto de los ángeles, hay paz en la tierra y, por lo tanto, en nuestros corazones y hogares cuando agradamos a Dios.

> *"Pero sin fe es imposible agradar a Dios; porque es necesario que el que se acerca a Dios crea que le hay, y que es galardonador de los que le buscan"* (Hebreos 11:6).

"¡Señor mío, y Dios mío!", exclamó Tomás cuando Jesús dijo: *"No seas incrédulo, sino creyente"*. Espero y oro por que esa sea su respuesta al leer esto, que diga: "Está bien, Señor, creo. Voy a confiar en que tú sabes lo que estás pidiendo y voy a comenzar a morir a mis deseos egoístas y a comenzar a servir a mi familia con amor y con gozo". Amén y amén.

En este capítulo he tratado de ayudarle a ver con mayor claridad su papel de autoridad y cómo se da. Ha rechazado esta autoridad porque no ha estado dispuesto a morir a su ego, renuente a ser servidor de su Señor y de su familia. No se ha dado cuenta que la recompensa que llega a usted cuando se humilla a sí mismo en la actitud correcta siendo para su esposa lo que Cristo fue para la iglesia. Cuando usted se coloca bajo esta nueva administración, su hogar también se pone bajo esta nueva administración y la estructura de su familia toma una nueva forma: un orden divino que le capacita para cosechar las glorias que Dios designó que tuviera.

En el siguiente capítulo, buscaremos responder a su pregunta: "Cariño, ¿qué quieres que haga?". Para responder a eso, su esposa podría decir; "Quiero que seas lo que Dios planeó que fueras".

El primer capítulo de la Biblia nos lleva directo al punto, al decirnos que fuimos hechos a imagen de Dios (Génesis 1:26). Esta imagen o esencia es como Dios mismo. Usted tiene una mente con la cual razonar, una voluntad con la que hace decisiones, y emociones con las que siente y se expresa. Sabiendo esto acerca de usted, puede entender que puede relacionarse con Dios, su Creador, Salvador, Señor y guía. Puede hablarle y escuchar cuando él le habla. Ante todo, usted es objeto de su infinito amor y responde a ese amor amando al Señor a través de otros: su familia inmediata y la gran familia de Dios. Al ser obediente al camino de Dios para su vida, puede hacer sus propias cosas en ese contexto, porque él cuenta con que usted vivirá para él en su pequeño pero significativo lugar. En donde falle, el Reino (gobierno de Dios) falla. Así que Dios necesita usted haga lo que es de él, lo cual incluye mucho más de lo que está consciente ahora.

Un hombre de Dios no es solo el predicador. Es el hombre que es responsable con Cristo y busca estar en el lugar que Dios ha prescrito y ordenado para él.

7

ESPOSA Y MUERTE

El rey David proporciona otra ilustración de cómo operan nuestros héroes. David tenía problemas para dormir una tarde y se levantó de su siesta para caminar por el techo del alojamiento real. Desde su punto de vista, podía ver la ciudad. *"Y sucedió un día, al caer la tarde, que se levantó David de su lecho y se paseaba sobre el terrado de la casa real; y vio desde el terrado a una mujer que se estaba bañando, la cual era muy hermosa"* (2 Samuel 11:2). Otro santo derrotado. Se consintió con una ilusión y su fantasía lo llevó a un espectáculo descontrolado. Envió un mensajero para averiguar quién era esa preciosa muñeca. Aunque era la esposa de Urías, uno de los soldados de infantería de David, envió por ella. David fue vencido por la belleza de Betsabé. Ella regresó a casa, y con el tiempo, *"concibió la mujer, y envió a hacerlo saber a David, diciendo: Estoy encinta"* (2 Samuel 11:5).

En su palacio, David entró en pánico. Intentó ocultar su pecado y se metió más y más en problemas. Su momento fugaz de fantasía se convirtió en una pesadilla para él, porque el Señor estaba muy disgustado. Envió al profeta Natán a contarle a David la siguiente historia:

"Jehová envió a Natán a David; y viniendo a él, le dijo: Había dos hombres en una ciudad, el uno rico, y el otro pobre. El rico tenía numerosas ovejas y vacas; pero el pobre no tenía más que una sola corderita, que él había comprado y criado, y que había crecido con él y con sus hijos juntamente, comiendo de su bocado y bebiendo de su vaso, y durmiendo en su seno; y la tenía como a una hija. Y vino uno de camino al hombre rico; y éste no quiso tomar de sus ovejas y de sus vacas, para guisar para el caminante que había venido a él, sino que tomó la oveja de aquel hombre pobre, y la preparó para aquel que había venido a él".

"Entonces se encendió el furor de David en gran manera contra aquel hombre, y dijo a Natán: Vive Jehová, que el que tal hizo es digno de muerte. Y debe pagar la cordera con cuatro tantos, porque hizo tal cosa, y no tuvo misericordia" (2 Samuel 12:1-6).

Entonces Natán llegó al argumento contundente: "¡Tú eres ese hombre!".

Dios usó a Natán el profeta como vasija del Espíritu Santo para trabajar en el corazón de David. Espero que este libro sirva para el mismo propósito, que sea un instrumento para que el Espíritu Santo le convenza del hecho de que usted es el hombre. Usted es el que necesita cambiar. Es mi oración que responda a la voz del Espíritu Santo como lo hizo David cuando oró:

"...reconozco mis rebeliones,
Y mi pecado está siempre delante de mí.
Contra ti, contra ti solo he pecado,
Y he hecho lo malo delante de tus ojos;

Para que seas reconocido justo en tu palabra,
Y tenido por puro en tu juicio...

Crea en mí, oh Dios, un corazón limpio,
Y renueva un espíritu recto dentro de mí...
Y no quites de mí tu santo Espíritu.
Vuélveme el gozo de tu salvación,
Y espíritu noble me sustente.

Entonces enseñaré a los transgresores tus caminos,
Y los pecadores se convertirán a ti.
Señor, abre mis labios,
Y publicará mi boca tu alabanza...

Los sacrificios de Dios son el espíritu quebrantado;
Al corazón contrito y humillado no despreciarás tú,
oh Dios" (Salmos 51).

Aquí estaba el rey David, nuestro héroe, igual que aquel miembro y diácono de la Primera Iglesia, un conocedor, entrenador de las Pequeñas Ligas, miembro del *jet set*, y con todo, arrodillado admitiendo lo pecador que era. Este David, en todo su esplendor, fue nuestro héroe. Pudo haber permanecido así si se hubiera retirado de esa travesura con Betsabé, pero ¿cómo puede ser nuestro héroe si admite que ha hecho lo malo? ¿Por qué no podemos justificarlo? Pudo haber usado la presión de estar en todos esos clubes, de estar en guerra, de estar en casa todo el día, de ser una superestrella.

Si David hubiera sido el hombre que la sociedad quería que fuera, seguramente hubiera podido culpar a alguien o algo por su locura y su fantasía. Pero no, este individuo tenía que ser súper humano incluso en la denuncia de su pecado. Lo confesó al profeta Natán, y él le respondió:

> *"También Jehová ha remitido tu pecado; no morirás. Mas por cuanto con este asunto hiciste blasfemar a los enemigos de Jehová, el hijo que te ha nacido ciertamente morirá... Así ha dicho Jehová: He aquí yo haré levantar el mal sobre ti de tu misma casa"* (2 Samuel 12:13, 14, 11).

Incluso este gran hombre, este héroe, tuvo que cosechar lo que sembró; pero recibió perdón de Dios. Tuvo comunión con el Todopoderoso, y recibió la bendición de Dios.

Cuando David, en su vejez, cedía su reino, dijo a su hijo, Salomón:

> *"Esfuérzate, y sé hombre. Guarda los preceptos de Jehová tu Dios, andando en sus caminos, y observando sus estatutos y mandamientos, sus decretos y sus testimonios, de la manera que está escrito en la ley de Moisés, para que prosperes en todo lo que hagas y en todo aquello que emprendas; para que confirme Jehová la palabra que me habló, diciendo: Si tus hijos guardaren mi camino, andando delante de mí con verdad, de todo su corazón y de toda su alma, jamás, dice, faltará a ti varón en el trono de Israel"* (1 Reyes 2:2-4).

El rey David estaba mostrándose como hombre cuando de rodillas, decía: "Señor, yo lo hice".

¿Qué hay acerca de usted? Por qué no lo hace y se comporta como un verdadero hombre; confiese su pecado, póngase a cuentas con Dios, arrodíllese y pídale que abra sus ojos, su corazón y su voluntad. ¡Para que sea capaz de mostrarse como hombre!

En mucho de lo que he escrito, ¿no se ha visto a usted mismo rebelándose contra su esposa? ¿No se ha visto mostrándose como rebelde más que como hombre? ¿No ha sido tan hipócrita que apesta? ¿No le ha impedido su orgullo inclinarse ante Dios y admitir cuán inadecuadamente ha funcionado como esposo y padre? ¿No le ha impedido su autosuficiencia depender de Dios, al decir: "¿Quién necesita a Dios?". ¿No ha sido indiferente e ineficiente en su papel de esposo y padre?

Este Espíritu Santo al que usted, yo y el rey David oramos es el tesoro en nosotros, las vasijas terrenales. Pero él, el Espíritu Santo, no puede obrar mientras esté atrapado por nuestro ego. Si oramos por quebrantamiento, entonces el Espíritu Santo nos proveerá con el poder adecuado para agradar a Dios y funcionar como verdaderos esposos y padres.

Cuando los hombres intentamos tomar las cosas en nuestras manos, en realidad metemos en aprietos al mundo de Dios. Mi oración es que Dios le ayude a desbordar de gozo en él a través del poder del Espíritu Santo en usted.

Fue el Espíritu Santo de Dios el que trajo orden al caos de la creación, y él puede hacerlo ahora, comenzando hoy, en su familia. Fue el Espíritu de Dios quien sopló vida al hombre, y el hombre fue un alma viviente. Y es el mismo Espíritu Santo que opera hoy, y que puede volver a la vida a su alma y a su familia si simplemente usted se abre y dice: "Sí, Señor Jesús. Admito mi naturaleza pecaminosa. Gracias por limpiarme y por perdonarme de mis pecados, y gracias por venir ahora a mi corazón y a mi familia. Te pido, Señor, que vengas a vivir a mi corazón para que pueda ser la cabeza de mi hogar".

Dios provee un reino para cada hombre que se casa, y él es responsable de la forma en que ese reino opera. Si usted ha estado operando su reino en el área del dominio egoísta, entonces debe hacer morir su ego (Vea 2 Samuel 12:5).

¿Cómo puede morir un hombre a sí mismo? No es algo que él pueda hacer por sí mismo: es un asunto de crucifixión. Ningún hombre puede crucificarse a sí mismo. Lo que cada hombre tiene que hacer para morir a su autosuficiencia, su obstinación y su autodeterminación, es ejercitar la fe en la obra de Cristo: simplemente aceptar lo que Cristo hizo por usted en el Calvario. Cuando usted crea, esto es lo que ocurrirá:

> *"Porque si fuimos plantados juntamente con él en la semejanza de su muerte, así también lo seremos en la de su resurrección; sabiendo esto, que nuestro viejo hombre fue crucificado juntamente con él, para que el cuerpo del pecado sea destruido, a fin de que no sirvamos más al pecado. Porque el que ha muerto, ha sido justificado del pecado. Y si morimos con Cristo, creemos que también viviremos con él; así también vosotros consideraos muertos al pecado, pero vivos para Dios en Cristo Jesús, Señor nuestro".*

> *"Ni tampoco presentéis vuestros miembros al pecado como instrumentos de iniquidad, sino presentaos vosotros mismos a Dios como vivos de entre los muertos, y vuestros miembros a Dios como instrumentos de justicia" (Romanos 6:5-8;11,13).*

El propósito principal del hombre es glorificar a Dios y disfrutar de él para siempre.

> *"Él es imagen y gloria de Dios; pero la mujer es gloria del varón"* (1 Corintios 11:7).

¿Qué estoy intentando decir? Digo que la solución a sus problemas familiares radica en la muerte de la imagen de sí mismo, lo cual ocurre al creer en Cristo y en el propósito de su muerte en la cruz.

> *"Mas por él estáis vosotros en Cristo Jesús, el cual nos ha sido hecho por Dios sabiduría, justificación, santificación y redención; para que, como está escrito: El que se gloría, gloríese en el Señor"* (1 Corintios 1:30, 31).

Hay muchos hombres que dicen: "Soy el artífice de mi éxito". Pero si lo es, entonces usted no es a la imagen de Dios. Está fuera de la comunión y, por lo tanto, inaceptable para todo lo que Dios tiene disponible para usted. Una herencia solamente llega después de la muerte, y así, hasta que su vieja naturaleza muera, no podrá tener las promesas espirituales de Dios.

> *"¿Cuánto más la sangre de Cristo, el cual mediante el Espíritu eterno se ofreció a sí mismo sin mancha a Dios, limpiará vuestras conciencias de obras muertas para que sirváis al Dios vivo? Así que, por eso es mediador de un nuevo pacto, para que interviniendo muerte para la remisión de las transgresiones que había bajo el primer pacto, los llamados reciban la promesa de la herencia eterna"* (Hebreos 9:14, 15).

> *"Pues no habéis recibido el espíritu de esclavitud para estar otra vez en temor, sino que habéis recibido el espíritu de adopción, por el cual clamamos: ¡Abba, Padre! El Espíritu mismo da testimonio a nuestro espíritu, de que somos hijos de Dios. Y si hijos, también herederos; herederos de Dios y coherederos con Cristo, si es que padecemos juntamente con él, para que juntamente con él seamos glorificados"* (Romanos 8:15-17).

Pero no debemos sentir pánico ante el sufrimiento, porque Cristo dice:

> *"Todas las cosas me fueron entregadas por mi Padre; y nadie conoce al Hijo, sino el Padre, ni al Padre conoce alguno, sino el Hijo, y aquel a quien el Hijo lo quiera revelar. Venid a mí todos los que estáis trabajados y cargados, y yo os haré descansar. Llevad mi yugo sobre vosotros, y aprended de mí, que soy manso y humilde de corazón; y hallaréis descanso para vuestras almas; porque mi yugo es fácil, y ligera mi carga"* (Mateo 11:27-30).

Cuando usted confíe en la obra que Cristo consumó sobre la cruel cruz, entonces compartirá los tesoros, y obtendrá lo que Cristo obtuvo: sacerdocio, realeza y poderes proféticos. El profeta del pasado dijo:

> *"Porque un niño nos es nacido, hijo nos es dado, y el principado sobre su hombro; y se llamará su nombre Admirable, Consejero, Dios Fuerte, Padre Eterno, Príncipe de Paz"* (Isaías 9:6).

"En Cristo" participamos como esposos y padres en este papel y responsabilidad reales, y se nos dan poderes sobrenaturales a través de Espíritu Santo para realizar nuestras funciones.

> *"Porque he aquí, viene el día ardiente como un horno, y todos los soberbios y todos los que hacen maldad serán estopa; aquel día que vendrá los abrasará, ha dicho Jehová de los ejércitos, y no les dejará ni raíz ni rama"* (Malaquías 4:1).

> *"Porque es tiempo de que el juicio comience por la casa de Dios; y si primero comienza por nosotros, ¿cuál será el fin de aquellos que no obedecen al evangelio de Dios"* (1 Pedro 4:17).

> *"Mas a vosotros los que teméis mi nombre, nacerá el Sol de justicia, y en sus alas traerá salvación; y saldréis, y saltaréis como becerros de la manada. Hollaréis a los malos, los cuales serán ceniza bajo las plantas de vuestros pies, en el día en que yo actúe, ha dicho Jehová de los ejércitos... He aquí, yo os envío el profeta Elías, antes que venga el día de Jehová, grande y terrible. El hará volver el corazón de los padres hacia los hijos, y el corazón de los hijos hacia los padres, no sea que yo venga y hiera la tierra con maldición"* (Malaquías 4:2-3; 5-6).

Juan el Bautista fue el profeta que vino a poner todo en orden, pero los hombres de entonces como ahora, rechazaron la predicación sobre el arrepentimiento y no reconocieron a Juan el Bautista como el precursor del Mesías. El arrepentimiento y el perdón son prerrequisitos para un Pentecostés personal y provisión de poder en el reino de Dios. Cuando un hombre ve esto y se permite a sí mismo ser bautizado por Jesús en el Espíritu Santo, entonces está calificado para recibir y servir en los títulos reales de Jesús.

Cuando los hombres intentamos, por nuestra propia fuerza, ser las cabezas espirituales de nuestro hogar, caemos de bruces. Es únicamente en la autoridad del Espíritu de Dios que los hombres podemos funcionar adecuadamente como Dios lo ordenó. Aquí es donde viene esa sanidad de la enfermedad de nuestra sociedad. ¿Dejará que comience en usted ahora al arrepentirse e invitar a que Jesús lo bautice con su Santo Espíritu? Esta simple invitación de fe traerá luz y gloria a su alma. Hágalo ahora.

> *"En él también vosotros, habiendo oído la palabra de verdad, el evangelio de vuestra salvación, y habiendo creído en él, fuisteis sellados con el Espíritu Santo de la promesa, que es las arras de nuestra herencia hasta la redención de la posesión adquirida, para alabanza de su gloria"* (Efesios 1:13-14).

Cuando Jesús mandó a Pedro que tomara su red y navegara más adentro para pescar, Simón replicó: *"Maestro, toda la noche hemos estado trabajando, y nada hemos pescado; mas en tu palabra echaré la red"* (Lucas 5:5). Esto sin duda es la respuesta de la mayoría de los hombres cuando se les pide dar otra oportunidad a su matrimonio. Sienten que han trabajado en ello sin mucho éxito, así que no hay caso en intentar otra vez.

Pero cuando Pedro, incluso de mala gana, siguió los deseos del Señor, hizo como él dijo, y encontró, para su completo asombro, sobreabundancia de peces. Esta sobreabundancia, no de peces, sino de amor, también está disponible para usted y para mí, si hacemos lo que nuestro Señor nos dice y nos lanzamos a aguas más profundas de fe y obediencia.

¿Está dispuesto a dar a su matrimonio otra oportunidad, a comprometerse realmente a una total participación? Si es así, entonces las siguientes páginas de este libro le darán la respuesta a su pregunta: "Cielo, ¿qué debo hacer?".

El asunto de la familia, el matrimonio y el hogar es sorprendente. Debido a que todos somos humanos y cometemos errores, no hay un hombre que yo conozca que sea un vivo ejemplo de lo que un marido y un padre debe ser, pero tenemos algunos ideales y principios que se nos han dado en la Palabra de Dios.

Y si vivimos de acuerdo a ellos, sabemos una cosa: que nuestro matrimonio, familia, vida social y todo lo demás será más feliz, más gozosa y más gloriosa. Muy a menudo mi familia se mete en una discusión acerca de alguna cosa, y el otro día estábamos discutiendo qué es lo que cada uno pensaba que era el matrimonio. Uno hacía un comentario y luego otro, hasta que finalmente nuestra hija de nueve años, Plythe, dijo: "El matrimonio es un asunto de vida o muerte". Ella nos ha visto en algunas de nuestras crisis, como todos los niños hacen cuando sus padres tienen que resolver dificultadas y diferencias de opinión, y ella había sentido la intensidad de las relaciones familiares. Inspirado en eso, he decidido que en realidad, el matrimonio para usted es un asunto de "esposa y muerte"*. Tiene una esposa y una vida abundante cuando muere a sí mismo, porque entonces es cuando su familia cobra vida.

> *"Jesús les respondió diciendo: Ha llegado la hora para que el Hijo del Hombre sea glorificado. De cierto, de cierto os digo, que si el grano de trigo no cae en la tierra y muere, queda solo; pero si muere, lleva mucho fruto. El que ama su vida, la perderá; y el que aborrece su vida en este mundo, para vida eterna la guardará. Si alguno me sirve, sígame; y donde yo estuviere, allí también estará mi servidor. Si alguno me sirviere, mi Padre le honrará"* (Juan 12:23-26).

Cuando Adán amó a su esposa, realmente se estaba amando a sí mismo porque ella era parte de él. Ella fue creada de su costilla. Era su ayuda idónea en el mantenimiento de la familia.

> *"Entonces Jehová Dios hizo caer sueño profundo sobre Adán, y mientras éste dormía, tomó una de sus costillas, y cerró la carne en su lugar. Y de la costilla que Jehová Dios tomó del hombre, hizo una mujer, y la trajo al hombre. Dijo entonces*

** N. del. T. – El autor está jugando con las palabras "life" (vida) y "wife" (esposa), en la expresión "life and death" (vida o muerte).*

> *Adán: Esto es ahora hueso de mis huesos y carne de mi carne; ésta será llamada Varona, porque del varón fue tomada. Por tanto, dejará el hombre a su padre y a su madre, y se unirá a su mujer, y serán una sola carne. Y estaban ambos desnudos, Adán y su mujer, y no se avergonzaban*" (Génesis 2:21-25).

Esto estableció un patrón divino, y creo que este patrón debe ser seguido en el orden de Dios, porque hay una mujer correcta para cada hombre, con la excepción de raros casos de celibato. Y cuando estas dos mitades opuestas se unen, hacen un todo completo. Hacen la vida como Dios determinó que fuese en el matrimonio. Y esto es el plan de Dios, pero los hombres y las mujeres lo han descuidado y han fracasado en comprenderlo y vivir de acuerdo a este plan. Como resultado, tenemos muchos matrimonios que no están establecidos de la manera que Dios quería que estuvieran, pero sí en una forma que dicta la sociedad. Por ejemplo, conocí a una pareja joven (ella tenía diecinueve años y él, veintidós) que habían estado casados por cinco años y ya tenían serios problemas. Les pregunté por qué se casaron y esta fue su historia:

Un día después de la escuela, juntos tuvieron una tormenta de ideas y decidieron escapar. Sin pensarlo mucho, comenzaron a viajar a dedo por todo el camino de Ohio a Cincinnati. Les alcanzó la oscuridad y pasaron la noche en un granero abandonado. Al siguiente día comenzaron a caminar junto al camino, y como si Dios lo hubiera querido, fueron recogidos por un auto conducido por un abogado. El abogado se dio cuenta que habían huido de casa, así que los convenció de regresar a casa y pagó sus pasajes de regreso a su pueblo.

Debido a la presión de la sociedad, los padres entraron en pánico e insistieron en que se casaran, sintiendo que con seguridad se habían involucrado en actividades sexuales durante la noche. Temían que la chica estuviera embarazada (aunque no había tenido lugar actividad sexual alguna). Así que aquí estaba una pareja, casada cuando todavía eran niños, sin una comprensión de lo que es el matrimonio en absoluto, y ciertamente, ignorando el plan divino de Dios.

Los planes de Dios los hemos arruinado tanto que en la sociedad de nuestros días un gran número de matrimonios terminan en divorcio o separación, o se convierten en relaciones desgraciadas porque las parejas no buscaron la dirección de Dios en la selección de su compañero de vida. Los hombres no fueron suficientemente pacientes para esperar por la que Dios había provisto para ellos, o para confiar en la sabiduría de Dios y su plan en este asunto.

Hay muchas razones por las que los hombres y las mujeres se casan, y muchas de ellas son las equivocadas. Si un joven no está consciente de que Dios tiene para él una mujer correcta —la compañera correcta— se casará fuera del plan de Dios y tendrá que sufrir las consecuencias. Permítame enumerar algunas de esas razones:

Usted pudo haberse casado por razones "de seguridad". Tal vez quería una mamá: quería ser amado y mimado. Tal vez quería a alguien que tomara las decisiones por usted y que le cuidara. Tal vez se casó por puro egoísmo. Pudo querer tener una esclava —una sirvienta en casa— que hiciera todo el quehacer, levantar su ropa, cocinar para usted, toda esa clase de cosas.

Tal vez se casó porque quería una hermosa reina que pudiera presumir, llevar por todos lados y mostrar como si fuera su auto nuevo. Eso es una extensión del narcisismo. Esa bella reina es un reflejo del hombre y su ego.

Tal vez se casó por lujuria, para satisfacer su impulso sexual. Tal vez incluso se casó porque se sentía culpable y porque ya había tenido sexo premarital. Se sintió culpable y atrapado, y sintió que debía casarse.

Hablé con un joven, casado ya por cinco años, que dijo que se casó porque él y su esposa habían tenido sexo premarital. Ella creyó estar embarazada, lo dijo a sus padres, y él se sintió presionado para casarse con ella. Mientras tanto, era infeliz y había cometido adulterio con otra mujer y ahora estaba en serios problemas con sus emociones e incapaz de hacer frente a ello. Hablé con la esposa y era un manojo de nervios, llena de culpabilidad y terriblemente insegura por temor a que su marido no la amara. Ya que el matrimonio está basado en la pureza, este matrimonio seguirá estando en problemas o terminará en divorcio, a menos que ambas partes confiesen delante de Dios su pecado y restablezcan la relación en honestidad y pureza.

> "*Y estaban ambos desnudos, Adán y su mujer, y no se avergonzaban*" (Génesis 2:25).

Tal vez se casó por orgullo. Tal vez se casó porque todos sus amigos se estaban casando y usted no quería que pensaran que era uno de esos "raritos".

Tal vez se casó por rebeldía. Tenía una novia: habían sido dulces el uno con el otro. Ella le rechazó y usted dijo: "Ya le enseñaré". Y sale y se casa con la primera chica que ve. Eso le muestra a su antigua novia que nadie lo rechaza a usted. Triste, pero esto sucede a menudo.

Cuando estaba en la universidad, tuve un amigo que estaba enamorado de una chica muy dulce de su ciudad. Supo que se iba a casar con otro hombre. Esto le causó tal impacto que, en rebeldía, le pidió a una chica con la que había salido unas pocas veces que se casara con él y ella aceptó. Naturalmente, el matrimonio se vino abajo tras pocos meses. La chica se dio cuenta de su error, regresó a casa y se divorciaron, todo porque el matrimonio estuvo basado en una falsa premisa.

Pudo haberse casado por temor. Tal vez temía estar solo, o tenía miedo de la crítica y el ridículo, o de no ser amado o de lo que la gente pensara. Tal vez tenía miedo de sus propios sentimientos.

Tal vez se casó por autocompasión. Pobrecito de mí, a nadie le importo, así que me voy a casar. ¡Realmente está en problemas!

Muchos matrimonios están en muchos problemas porque se establecieron por las razones equivocadas.

Hay una razón correcta para que el hombre se case y es el amor, pero usted pudo haberse casado por la razón correcta, pero con la actitud equivocada. En otras palabras, puede estar en problemas porque no le han enseñado el orden divino, el propósito y el significado del casamiento.

Incluso si se casa por amor y cree que Dios fue parte de que los dos estuvieran juntos, puede estarse preguntando, después de varios años de matrimonio: "Dios, ¿por qué me diste a esta mujer? Entre todas las del mundo, ¿por qué me la diste a ella?" Eso demuestra la actitud equivocada.

Usted no ha comprendido totalmente que el matrimonio es una unión. Es la reunión de dos opuestos. Usted sigue diciendo: "Mi esposa no es como yo". Por supuesto, ella no es como usted. Dios nunca pretendió que lo fuera. Ella es una ayuda, complementaria a usted. Alguien que pueda tomar la estafeta cuando usted no pueda. Su esposa no compite con usted, lo complementa.

Usted dice: "Podría haberme casado con la chica que quisiera". ¿Se ha dado cuenta que Dios escogió a la chica que ahora tiene para que pudiera ayudarlo a madurar?

Así que leamos en la Palabra de Dios, y establezcamos ahora lo que suponemos que vemos aquí:

> *"Así también los maridos deben amar a sus mujeres como a sus mismos cuerpos. El que ama a su mujer, a sí mismo se ama"* (Efesios 5:28).

Ahora permítame darle un principio positivo. Entre más sacrificialmente ame usted a su esposa, más respetuosamente su esposa le responderé en cada categoría de la vida.

Ahora, aquí está lo negativo de ese principio. Si usted retiene el amor para su esposa al retener su atención, elogios, comprensión y aprecio, entonces está cometiendo un gran error. Porque su esposa es usted, entonces, al descuidarla, realmente se está descuidando usted mismo. Cuando es infiel a su esposa, está realmente engañándose a sí mismo. Cuando es extremadamente crítico hacia su esposa con la finalidad de crecer usted, está siendo deshonesto consigo mismo y lastimándose.

Puede salvar su matrimonio, porque usted es en realidad el salvador del hogar. Puede salvar a la familia al morir a usted mismo. Puede salvar su hogar al morir a su interés egoísta, su hipocresía y su auto gratificación. Todos estos se disuelven cuando le da acceso a Cristo para ser el capitán de su alma.

Cuando decida dejar que Cristo salve su vida y lo salve de usted mismo, entonces estará preparado para ser la mejor clase de esposo y padre. Porque solo entonces puede ser realmente sacrificial en su amor, como Cristo amó a la iglesia y se dio a sí mismo por ella.

8

CAMINOS A LA ARMONÍA CELESTIAL EN EL HOGAR

Jesucristo, quien es el eterno Dios, se involucró con su familia. En Juan 1:14 leemos: *"Y aquel Verbo fue hecho carne, y habitó entre nosotros (y vimos su gloria, gloria como del unigénito del Padre), lleno de gracia y de verdad"*. Participó en los detalles de la vida y por lo tanto Dios lo exaltó como Sumo Sacerdote. Su autoridad vino del hecho de que se involucró. Usted puede querer ser el sacerdote de su familia sin estar involucrado, pero eso es imposible. Debe estar involucrado en los detalles de su esposa y su familia. Debe estar listo para escuchar a su esposa e involucrarse con los detalles.

Mi esposa salió y compró un par de vestidos. Dije: "¡Maravilloso!". Le había estado insistiendo por años que hiciera algo sola. Estaba muy feliz por ello. Después caí en cuenta que la razón por la que estaba tan feliz con que ella saliera a comprarse esos vestidos era porque no tenía que ir y ayudarla a elegirlos e involucrarme en los detalles. Debo confesar aquí que me emociono cuando mi esposa sale a las reuniones de los lunes por la noche porque puedo ver el partido de futbol americano de la NFL, subir los pies, comer maní, comer dulces... y dejar un desorden. No tengo que escucharla. Me pongo feliz porque no quiero estar involucrado en lo que ella tiene que decir y los problemas que se le presentan. Solo quiero ignorarlos. Únicamente quiero sentarme y disfrutar algo que me gusta hacer, porque soy egoísta.

Los hombres sentimos que somos muy buenos al participar en las necesidades de nuestras esposas y nuestros hijos. Pero necesitamos tomar el tiempo de escucharlos, ayudarles a discutir y ocuparse de los problemas que tengan. Quizá usted se involucrará en el programa de construcción de su vecino, o con la mujer de otro hombre, o en alguna actividad deportiva o con su propio negocio, pero descuidará el asunto más importante en la tierra: que es construir el cimiento espiritual de su propia casa. Su fracaso para funcionar como sacerdote de su hogar contribuye al caos y hace la vida infeliz para cada miembro de la familia.

El papel del esposo y padre como sacerdote es realmente un don sagrado de Dios para el hombre. Si usted se rebela contra esa responsabilidad, si no recibe ese don, Dios no puede bendecirlo. No tendrá la gloria que Dios pensó para usted. Y como resultado, su hogar seguirá habitando en "tiendas de confusión". La paz no puede llegar a su hogar fuera de la paz que Cristo da cuando es aceptado como el Sumo Sacerdote del hombre, y el hombre se convierte en el sacerdote de su familia.

Lo que más quieren los hombres, pero fallan en obtener, es paz en el hogar, sin darse cuenta nunca que la paz no viene del apaciguamiento sino de su "sacerdocio".

Jesucristo se involucró en las necesidades del ser humano; tanto, que sufrió y murió por el hombre. Se sacrificó a sí mismo. Se dio a sí mismo. Jesús tenía la libertad y el poder de dar su vida, y eligió hacerlo. Porque Jesucristo participó, recibió la gloria, la autoridad, la majestad, el sacerdocio y el señorío. Y, por lo tanto, proveyó la paz. Este principio es verdad para cada una de las instituciones divinas —la nación, la familia y el matrimonio—, pero particularmente apropiado para la institución de la familia.

Dios el Padre, a lo largo de la eternidad, tuvo un único Hijo. Pero el corazón paternal de Dios deseaba una familia. Tenga cuidado en ver que la paternidad de Dios no está arraigada en la creación de Adán, sino en la redención por su Hijo Unigénito. Porque "en Adán", todos hemos pecado y estamos destituidos de la gloria de Dos. El milagro de milagros fue la muerte sacrificial de Cristo. Porque en esa cruz, el acto más poderoso de Dios fue traducir al hombre "en Adán" y al hombre "en Cristo" (1 Corintios 15:45-47) (Esto no es automático, sino por la fe).

Jesús es el "último Adán" y como tal tiene la suma total de humanidad, muriendo en la cruz para satisfacer la rectitud y la justicia de Dios. Jesús pagó la cuenta por todos nuestros pecados.

Jesús también es el "segundo Hombre", y como tal se ha convertido en la cabeza de una nueva raza y Dios nos coloca en esa simiente para redimirnos con el propósito de su gloria. Hombres, estamos perdiéndonos la gloria de Dios cuando no creemos la Santa Palabra de Dios ni confiamos en su obra. El hermoso capítulo ocho de Romanos señala esto muy claramente.

Aquí está lo que sucede "en Cristo". El Hijo Unigénito, tal como se describe la encarnación en Juan 1:14; se convierte en el primer Hijo de una nueva raza en Romanos 9:29; con el propósito de la paz en Efesios 2:13-19; el propósito de la gloria en Romanos 8:21:30; y el propósito de la posteridad en Romanos 8:15,16; todo esto lleva al sacerdocio en Hebreos 2:9-3:12.

Mi conclusión acerca del asunto de la obra de Cristo como Sumo Sacerdote es el principio de participación a través del cual los hombres, como esposos y padres, deben ir con el fin de tener paz en sus hogares. Por lo tanto, la paternidad de Dios no es independiente de su Hijo Unigénito, ni es independiente de la existencia de los padres. La oportunidad de mi hijo de experimentar la paternidad de Dios viene a través de mí, su padre terrenal. No solo soy el representante de Dios el Creador, a quien los descendientes deben su propia vida, sino también soy un enlace en la línea histórica del pueblo de Dios. Por tanto, el padre ejerce un oficio sagrado porque toma el lugar de Dios y no tiene autoridad o derecho, excepto el que le es dado por Dios. Dios le ha dado al hombre libertad para dar su propia vida, y ese poder viene de estar "en Cristo".

Cuando un hombre hace lo que Jesús hizo; poniendo a funcionar el principio de la muerte, muriendo a sí mismo, y permitiendo al Espíritu Santo controlar su alma, se convierte en un hombre nuevo y pone el principio de la resurrección a obrar en su vida.

El apóstol Pablo discute este principio en Efesios 2:13-19:

> *"Pero ahora en Cristo Jesús, vosotros que en otro tiempo estabais lejos, habéis sido hechos cercanos por la sangre de Cristo. Porque él es nuestra paz, que de ambos pueblos hizo uno, derribando la pared intermedia de separación, aboliendo en su carne las enemistades, la ley de los mandamientos expresados en ordenanzas, para crear en sí mismo de los dos un solo y nuevo hombre, haciendo la paz, y mediante la cruz reconciliar con Dios a ambos en un solo cuerpo, matando en ella las enemistades. Y vino y anunció las buenas nuevas de paz a vosotros que estabais lejos, y a los que estaban cerca; porque por medio de él los unos y los otros tenemos entrada por un mismo Espíritu al Padre. Así que ya no sois extranjeros ni advenedizos, sino conciudadanos de los santos, y miembros de la familia de Dios".*

Los versículos anteriores nos dicen cómo Cristo reconcilió a los judíos y a los gentiles con ellos mismos y el hombre con Dios, quien trajo paz. Cristo fue capaz de hacer esto al morir en la cruz.

Ahora hay en su hogar un muro que se ha construido entre usted y su esposa, usted y sus hijos —hijos e hijas— hermanos y hermanas. Todos se han vuelto extraños y extranjeros en su propio hogar. ¿Por qué? Porque no han estado "en Cristo" usando esa "obra" que Cristo realizó en el Calvario.

Cuando usted, por fe, entra a Cristo, entonces el carácter de Cristo comienza a formarse en usted, y comienza a producir el primer amor verdadero, un amor tan grande que usted, la cabeza del hogar, pone su vida por su familia.

Usted se convierte en el sacerdote de su familia cuando permanece "en Cristo", y entonces el calor del amor de Cristo fluye a través de usted y comienza a abrir puertas en esa pared de hielo que se ha puesto entre usted y su familia, trayendo consigo una gozosa reconciliación, una paz que sobrepasa el entendimiento, un legado sin límite, una gloria llena de gracia y de verdad. Eso es lo que usted quiere, pero no le han informado que este es "el camino", o ha sido terco para probarlo.

Así, ser el sacerdote de su hogar simplemente significa estar "en Cristo", permitiéndole controlar su vida en cada fase y categoría, para proveer una atmósfera espiritual de amor, verdad, y apertura hacia Dios y hacia cada uno. Por usted, la cabeza del hogar y el iniciador del amor, los otros miembros responderán felizmente a su accesibilidad, y esto crea un hogar piadoso, el que Dios honra y bendice.

"Predicador, si tan solo hubiera sabido esto cuando era joven, podría haber hecho algo al respecto. Mis hijos ya crecieron, y es demasiado tarde para que yo cambie", dijo un hombre después de ser expuesto a este principio de sacerdocio. "Mis errores causaron confusión a toda la familia", confesó un padre después de un período de consulta. "Pero, ¿qué hago ahora? Es cosa del pasado, y siento como si fuera demasiado tarde para que yo haga algo de todas formas".

Los hombres a la mitad de su matrimonio o en sus últimos años hallan dificultad para ver cómo serán de ayuda estos conceptos en su matrimonio, dado a que están casi en la recta final, por decirlo de alguna manera. Sin embargo, es en esos años dorados de matrimonio que los hombres pueden realmente hacerse un favor y realmente disfrutar el estar casados. No deje que su edad ni el tiempo que ha estado casado lo confunda al creer que es demasiado tarde. Muchos juegos se ganan en el último tiempo o en el minuto final, y usted todavía puede ser un vencedor en su matrimonio.

"Mi esposa tiene un problema", dijo un hombre de mediana edad mientras hablaba con él. "Me dice lo mismo una y otra vez, tal vez cientos de veces. ¿Qué debo hacer?".

"¿A qué se refiere?", le pregunté.

"Bueno, quiero decir", dijo arrastrando las palabras, "que ella siempre me dice lo mismo una y otra vez, así que hago oído sordo y la dejo que hable sin parar. Creo que está enloqueciendo. Tal vez necesite llevarla a ver un psiquiatra o algo".

Respiré profundamente y pensé: "Señor, ayúdame a saber cómo responder a esta pregunta". Mientras hablábamos, fui capaz de ver por qué su esposa seguía y seguía repitiendo las cosas.

"Porque usted no la está aconsejando sobre sus dificultades y problemas", le dije, ella siente que necesita hablar en exceso".

Ya que usted no la escucha, o se sienta ahí sin responder, ella probablemente cree que usted también es un poco peculiar. Un hombre que escucha a su esposa decir lo mismo una y otra y otra vez como si se lo hubiera dicho la primera vez, debe admitir que no está lidiando con el problema.

"Yo pensé que era la forma de manejarlo", dijo.

"¿Por qué no comienza a escucharla con amor?", pregunté. "¿Por qué no le responde y expresa su punto de vista y dice lo que piensa? ¿O por qué no dice: "Querida, ya me habías dicho eso, ¿recuerdas?".

"Siempre se enoja antes de que le diga eso", dijo. "Nunca gano. Siempre llora o se enfada, o grita cuando trato de decirle algo, así que he aprendido a quedarme con la boca cerrada y dejar que hable sin parar".

"Cuando usted no comprende y reacciona a lo que ella le dice, no se maraville que ella se enoje. Está frustrada. La próxima vez que ella le diga una historia o hable de algo que ya ha dicho, repita lo que ella dijo y luego pregúntele si eso es lo que dijo. Pregúntele qué es lo que quiere decir. Pregúntele cómo se siente respecto del incidente con el hijo o con el vecino, o lo que sea. Tome esa oportunidad para ayudarla a ver qué es lo que la está molestando. Trate con eso tan dulcemente como pueda. De esta forma, se convierte en su sacerdote, dándole la oportunidad de desahogarse o sacar su hostilidad o amargura, temores o heridas".

"Si hiciera eso, no tendría tiempo de ver mi televisión o leer mi diario". Además, ella hace eso todo el tiempo en el teléfono con sus amigas. ¿Por qué debería molestarme con ello?", preguntó.

"No tiene que hacerlo, señor White", respondí, "a menos que quiera que ella pague una buena porción de su salario a un psiquiatra o quiera que se quede tal como está. Aunque es duro, la razón debería ser simplemente porque es la manera de Dios. Se supone que usted sea su sacerdote".

"¿Intenta decirme que al yo hacer algunas de esas cosas que dijo, ella cambiará?, me preguntó con un tono de sorpresa.

"Sí, señor", respondí. "¿Oraría conmigo ahora mismo, señor White, y le pediría al Espíritu de Dios que le muestre cómo ser más amoroso y amable con su esposa?, ¿para agradecerle a Dios por remover ese resentimiento cuando tiene que invertir un poco de usted en su pareja?, ¿para agradecer a Dios por dársela y por perdonarle por no asumir su papel como cabeza espiritual de su hogar?".

Oramos ese día, y desde entonces, ha ocurrido una transformación en ese hogar. Ahora son como dos recién casados, siempre juntos. La devoción del hombre con su esposa ha provocado una nueva explosión de respeto y cordura a ese sencillo y dulce hogar. Los hijos casados ahora están encantados de tenerlos en sus casas, y el padre halló un nuevo lugar de honor ante los ojos de sus hijos y esposa. Vi a este hombre no hace mucho, y me rodeó con el brazo y me dijo: "Pastor, nunca he sido más feliz en mi vida desde que he estado mostrando mayor atención y amor hacia mi esposa. Yo pensaba que era muy importante leer el diario y saber lo que estaba pasando en el mundo. Ahora veo que es más importante saber lo que está pasando en mi familia. Me doy cuenta cuán cerca estuve de perder a mi esposa, y francamente, hubo tiempos en los que secretamente deseé perderla. Pero ahora puedo ver que todo era mi culpa. Dios ha sido muy bueno conmigo, y alabo Su nombre todos los días por perdonarme y darme otra oportunidad. Predicador, le he dicho a hombres de mi edad: "Nunca es demasiado tarde para cambiar". Les he dicho lo que usted me dijo. La mayoría de ellos piensan que soy un loco religioso, un tonto. Pero si eso es lo que soy, entonces, soy el tonto más feliz del mundo. Antes era infeliz y rara vez tuve un momento feliz. Ahora estoy alegre de la vida, especialmente en mi casa.

El modelo de oración de Mateo 6:9-13 ofrece un bello ejemplo del "Señor Maravilla", o el padre-rey. Comienza: "Padre nuestro", y rápidamente se va a: "Venga tu reino". Cuando un hombre acata el orden de Dios, entonces, por herencia, se convierte en padre-rey. Si Cristo es el rey de su alma, entonces usted es el rey de su hogar. Cuando Cristo gobierna en usted, entonces puede gobernar a su esposa e hijos.

Hay un peligro aquí, puesto que muchos hombres olvidan que su realeza es un derecho de nacimiento y terminan abusando de él. Usted puede ser uno de estos tres tipos de rey: un rey malvado, un rey justo, o un rey indiferente. Puede deliberadamente escoger ser un tirano, o puede ser un buen proveedor, o puede hacer desaparecer gradualmente su realeza con decisiones chapuceras o indiferentes.

Verse a sí mismo como un buen rey significa que trata a su esposa como una reina y a sus hijos como príncipes o princesas. Dios nos ofrece provisiones, perdón y protección cuando lo vemos como el soberano Padre-Rey en el Padre Nuestro. Y así es con el hombre que atiende al orden divino, porque Dios le ha dado esa "maravillosa" posición.

Esta realeza, entonces, es una gran responsabilidad, pero con cada responsabilidad viene una recompensa, así que el hombre que cumple con su deber en este papel como rey se convierte en el "Señor Maravilla" a los ojos de su reino. Esta es una rica recompensa, demasiado buena para dejarla pasar, y sin embargo puede estársela perdiendo.

Sea agresivo en el área de hacer el amor. Conozco a varios hombres que están esperando a que sus esposas tomen la iniciativa en el acto sexual. Y probablemente esperarán un largo tiempo, aunque Dios nunca planeó que fuera así. Dios es el iniciador en hacer el amor a la humanidad. Él tomó la iniciativa, y los hombres tenemos esa responsabilidad también. Se supone que seamos los iniciadores.

Cuando se trata del tema de hacer el amor, usted ha sido bombardeado tan fuerte por la sociedad y la filosofía *playboy* que sin duda está confundido. Puede tener la idea de que su esposa es como su bolsa de golf, que está ahí para que usted la use cuando tiene la necesidad, y luego para echarla al armario cuando haya terminado, para que esté ahí cuando usted esté listo nuevamente. Pero está equivocado.

Una mujer me dijo: "Mi esposo puede encontrar más qué leer en un diario que cualquiera en el mundo. Puede pasar horas leyendo el diario mientras yo rastrillo el jardín, limpio la casa y cocino, sin enterarse que yo estoy ahí. Luego, cuando termina de leer su diario, viene y quiere hacerme el amor. Yo simplemente no puedo responder, ¡porque me hierve la sangre! Luego me dice: "Cariño, ¿hay algún problema?" Le he dicho cientos de veces que no puedo emocionarme, por ser pellizcada, tratada a patadas y luego con palmaditas, especialmente cuando no ha hecho 'nada' para mostrar su amor".

"Su esposo no es único en su especie", reconocí. "De hecho, la mayoría de los hombres son así". No es extraño que algunas mujeres sientan que deben dejar el hogar, porque ahí no hay mucho qué dejar.

Jesucristo es el mejor amigo que podemos tener, porque él señaló el valor de la verdad, la verdad que nos hace libres. Por mucho tiempo los hombres hemos sido engañados por nuestra propia elección de servirnos a nosotros mismos en vez de vivir para nuestro Señor Jesús. Como profeta "en Cristo", usted es puesto en libertad para ver cuán cruel y malvado ha sido hacia su esposa y su familia. Eso provocará que se arrepienta y entre en su camino y voluntad. Cuando lo hace, su matrimonio resucitará de entre los muertos, y visiones nuevas de esperanza, sonidos de amor, sentimientos de gozo, sabores de honestidad y aromas de bondad llegarán a su hogar.

Cuando comience a andar en el camino de Dios, su esposa se volverá una seguidora, y comenzará a seguirlo a todos lados, porque las mujeres están hechas por Dios para ser así. Cuando se niega a sí mismo y va la segunda milla con la actitud debida, su esposa le honrará, le respetará y le amará en sujeción como al Señor.

Ahora quiero regresar a la ilustración que usé antes sobre la pareja que vi en el supermercado, la del hombre que tenía una mal actitud. Démosle vuelta a eso y digamos que él comprendió que él mismo es el profeta de su hogar y que comprendió el principio de la segunda milla que Dios nos enseña a través de su Palabra. Ese hombre podría decir: "Querida, permíteme, yo empujaré el carrito; déjame ayudarte un poco". Esa tarde la esposa tal vez haya dicho algo como: "Amor, siéntate aquí en tu sillón cómodo y mira el partido de básquetbol". Luego saldría con un zumbido y en un minuto regresaría con la bebida favorita de él y con un suave y dulce besito en la mejilla diría; "Querido, si necesitas algo, solo házmelo saber".

Pronto el marido diría: "Cariño, déjame ayudarte a llevar a los niños a la cama". Después de ayudarle con los niños, la tomaría por la mano. Irían a la sala de estar y hablarían sobre las actividades del día, compartiendo su día, sus pensamientos, deseos, esperanzas y sueños. Luego esa noche, su esposa respondería a su amor y consideración en una forma adecuada. Cuando usted toma la iniciativa al mostrar amor a lo largo del día, su esposa está hecha por Dios para responder a ese amor.

Dios es quien inventó el sexo, y él lleva aquí mucho más tiempo que la filosofía del amor libre. Cuando Dios llevó a Eva con Adán, y él la vio por primera vez, sus ojos se le salieron y exclamó: "¡Al fin, ella es!". Adán vio que Dios lo había diseñado para dar y a Eva para recibir, ¡la unidad perfecta!

Esto es obra de Dios, y él ha diseñado para cada hombre una mujer correcta como esposa, perfecta para él física, emocional, intelectual y espiritualmente.

Cuando usted se casa, cuando recibe a la chica que Dios le dio, no hay necesidad de probarla a ver si le queda, Dios no comete errores. El hombre es el que arruina las cosas.

Este es el plan de Dios para que se case con una mujer que él ha escogido para usted y en la que encontrará la satisfacción de sus impulsos sexuales dentro de los límites de la divina institución del matrimonio. Dios lo ha hecho el perseguidor, y una vez que haya capturado su corazón, el cortejo continúa para navegar en el mar del matrimonio. Nunca olvide que su esposa está hecha diferente a usted, y que sus necesidades fisiológicas no son tan demandantes como las suyas. Por lo tanto, tiene la gran responsabilidad de crear las condiciones atmosféricas apropiadas para moverla y llevar el cortejo al puerto seguro que el corazón de una mujer verdaderamente anhela.

No puede tener una guerra particularmente violenta o estar en contienda o envuelto en la televisión y luego esperar que su esposa le responda sexualmente. No puede seguir dejándola tomar todas las decisiones, pagar las cuentas, cuidar la casa y el jardín, atender toda la correspondencia, hacer todas las compras, cuidar la disciplina de los hijos, y luego esperar que ella se emocione cuando la toca y la besa y comienza a juguetear.

Su esposa no se excita en la misma forma que usted. Ella tiene que sentirse protegida, cuidada, comprendida, no necesariamente acariciada, y ahí es donde usted hace las cosas con torpeza y se tambalea.

Hablo con pareja tras pareja que no parecen resolver sus problemas sexuales porque el hombre es muy infantil e inmaduro en la materia.

"Me pone furioso", dijo un hombre, "cuando mi esposa me rechaza. Es mi esposa, y tengo derecho sobre su cuerpo, y si me arruina la fiesta, me enfurezco" (Vea 1 Corintios 7:4). "Sí, lo sé", respondí, "¿pero no la rechazó usted primero?". "¡Rayos, no!", exclamó. "Siempre estoy listo para el sexo, ella se lo puede decir".

"Seguro que puede", repliqué, "pero sabe usted por qué su esposa lo rechaza en la cama?"

"No", dijo, "a menos que esté enojada conmigo por algo".

"Sí, y también porque usted la ha rechazado en la cabeza", dije. "Le daré un secreto que normalmente preparará a su esposa para la actividad sexual, si me escucha", afirmé. Sus ojos se abrieron, una sonrisa apareció en su rostro cansado, y dijo: "Escucho, escucho".

"El secreto está en conversar con su esposa", le dije, observando la sonrisa desaparecer de su rostro y su frente comenzar a arrugarse.

"Lo siento", inquirió, "creí escuchar que dijo conversar". "Sí, señor", respondí. "Es en el conversar con su esposa que usted la dejará quitarle la ropa, por decir algo. Ella "le quitará" la camisa de hipocresía, sus pantalones de autosuficiencia, sus calzoncillos de autocompasión. Eso es lo que la estimula sexualmente. Cuando se le permite entrar al interior de su individualidad, lo que usted normalmente esconde del mundo, eso la hace receptiva a usted. Entonces está lista para abrirse a usted, para dejarle entrar en su mundo, físico, emocional, sexual o lo que sea. ¿Comprende lo que estoy diciendo?".

"Predicador", dijo, "he escuchado muchas cosas sobre cómo besar y acariciar a la esposa, pero nunca antes escuché esto. ¿Quiere decir que cuando llego a casa del trabajo y hablo con Marie y le cuento sobre mi día, mis pensamientos o mis ideas, ella se va a excitar?".

"Eso será el principio", respondí.

"En serio creí que se trataba de algo más que solo conversar", respondió, rascándose la cabeza.

"Bueno, tiene que ver con las actitudes", dije. "Si muestra una actitud de humildad, una actitud de gratitud por ella como esposa o como persona, una actitud de interés en lo que ella está experimentando, una actitud de ayuda en la vida familiar, una actitud de atención hacia ella y los hijos, entonces le estará comunicando vibraciones de amor que realmente la excitarán y la estimularán en todo sentido".

"¡Vaya, me sorprende mucho!", exclamó. "Quiere decir que si no tomo el diario o el control de la televisión, y en lugar de eso me pongo en contacto con las necesidades de mi esposa, entonces tendré buenas noticias y la encenderé en vez de apagarla?", me preguntó. "Es una buena forma de decirlo", respondí.

Esta es la manera en que un hombre se hace a sí mismo un favor al amar a su esposa como Cristo amó a la iglesia y se entregó a sí mismo por ella.

Muy pocos hombres quieren "gastarse" a ellos mismos en sus esposas. Quieren arreglárselas con lo menos que puedan dar, de modo que tienen matrimonios baratos. Esto es lo que está mal con la filosofía *playboy*. Cuando un hombre tiene experiencias baratas con su esposa o con otra mujer, nunca queda satisfecho, Piensa que su esposa lo ha engañado o la otra mujer a la que él usa, sin darse cuenta que es él quien se está engañando. Cuando un hombre da su ser total (ego) a su esposa, como resultado llega una total satisfacción sexual y en cada fase de la vida. Es un riesgo, pero debe arriesgarse si quiere experimentar más de lo que Dios destinó para el matrimonio.

Una esposa se excita sexualmente cuando su esposo le permite desvestirlo, no físicamente, pero sí en el interior. Cuando un hombre se da a su esposa, exponiéndole sus pensamientos, emociones, su voluntad, entonces ella no tiene dificultad para darse a sí misma a él sexualmente. Si los hombres pudieran comprender que el amor es invitar a su esposa a su mundo, permitirle verle a usted, desnudarlo, quitarle su hipocresía, autosuficiencia, individualidad, auto idolatría y auto determinación, entonces obtendrían la respuesta apropiada de sus esposas.

Los hombres se cierran a sus esposas al ser egoístas, al no compartir sus problemas, sus dificultades, sus deseos, sus antagonismos y sus sueños con sus esposas. Cuando retienen esto de su esposa, la están rechazan. Así que no es raro que ella le rechace sexualmente cuando trata de quitarle la ropa. En otras palabras, el juego sexual previo de una mujer es una actividad del alma en la que a ella se le permite el privilegio de ver el ego expuesto de usted. Cuando esta intimidad del alma se le niega a una esposa, ella niega a su esposo la actividad sexual o la intimidad de su cuerpo. O bien le deja usar su cuerpo sin responder con sus sentimientos. Entonces siente culpa, puesta ahí por usted cuando le reclama por ser frígida. Los hombres deben amar a sus esposas como Cristo amó a la iglesia y se dio a sí mismo (ego) por ella. Jesús, a través de la comunicación de su mente, se expuso a sí mismo en la cruz del Calvario, desnudo delante de todo ser humano, para mostrar su amor por su Novia, la Iglesia. Esto fue un compromiso total de sí mismo, no se dejó nada, totalmente expuesto, totalmente gastado por amor.

Cuando los hombres entendemos este dulce misterio de amor, entonces experimentaremos más del éxtasis del amor y menos de la agonía de la vida y la esposa. *"Y estaban ambos desnudos, Adán y su mujer, y no se avergonzaban"* (Génesis 2:25). Cuando su matrimonio está basado en la honestidad, pureza y fidelidad en Cristo, experimenta esta dulce inocencia que le permite confiar, dar, perdonar y dar gracias.

Una joven pareja, casada ya por cinco años, tuvo bastante de ello porque cuando él comienza a insinuarse sexualmente, ella lo rechaza. Entonces él se enoja y sale de la habitación, y allí vamos otra vez. En vez de escucharla, hablar sobre el problema, la ignora hasta la siguiente vez que tiene la necesidad biológica, y es lo mismo una y otra vez. Todo lo que él necesita hacer es discutirlo con ella, y ella podría decirle qué la excita, pero es muy terco, y de esa manera se está perdiendo lo que Dios tiene para él respecto del sexo porque no se da tiempo para aprender y escuchar.

Hablé con otra pareja y me di cuenta de que la esposa había experimentado únicamente algunos pocos clímax sexuales en los cinco años de matrimonio. Su esposo era muy lento para comprender y demasiado egoísta como para darse cuenta del daño que estaba haciendo a su linda esposa. Cada noche ella temía ir a la cama, porque sabía la herida por la que tendría que pasar al hacerla sentir como la mala al no conseguir ningún alivio sexual. Así que ponía toda clase de excusas como estar muy cansada, o querer estar despierta hasta más tarde, o lo que fuera. Le pregunté por qué no hablaba con su esposo acerca de ello y dijo: "No quiero herir su ego, porque piensa que es un gran amante".

No se necesita mucha inteligencia para darse cuenta de que su esposa no está respondiendo sexualmente como debería, así que todo lo que tiene que hacer es abrirse y admitir que ha cometido algunos errores, que está haciendo algo mal, y que necesita ayuda.

Esta es un área problemática en los hogares, todo porque no han sido lo suficientemente intencionales para saber cómo manejar el problema. En lugar de eso, los hombres se enojan, se rebelan, miran hacia otro lado, se molestan, se aprovechan, y dan por sentado las cosas. Hacen todo menos lo pueden hacer, que es ir a buscar ayuda o ser lo suficiente hombres para abrirse con sus esposas sobre el problema, ser lo suficientemente pacientes para solucionar las dificultadas que han causado, y ser lo suficientemente amables para admitir que es su culpa.

Dios creó el sexo, y es bueno; pero usted lo ha hecho horrible con su mala actitud, su poca disposición a que esto sea la respuesta de una amorosa esposa a su amoroso esposo quien se involucra en los detalles de la vida familiar; quien estudia a su esposa y conoce sus mayores necesidades; quien se hace cargo de los asuntos familiares y ve que las cuentas se paguen y que se tomen las decisiones; quien es comprensivo, disciplina a los hijos y les enseña el amor de Dios por la forma en que muestra amor por su esposa en la casa.

Como buen rey, entonces, debe ser quien persiste en las relaciones sexuales, no el que las pervierte. Manténgase ahí a pesar de las influencias contrarias, la oposición y el desánimo. De otra forma, pervertirá todo el plan de Dios para el sexo y resultará un rey despreciable con un reino en ruinas.

Como un buen rey, es también su responsabilidad iniciar las áreas de reconciliación y perdón. No espere a que su esposa diga: "Lo siento". Inicie usted con estas cuatro importantes palabras: "Me equivoqué, lo siento". Su actitud pudiera ser: "¡Pero nunca me equivoco!". Pero Dios es nuestro rey e incluso aunque él definitivamente nunca se equivoca, inició nuestra reconciliación con él al enviar al Verbo, Jesús.

> *"...según nos escogió en él antes de la fundación del mundo, para que fuésemos santos y sin mancha delante de él"* (Efesios 1:4).

Esta clase de rey es seguro y ofrece perdón y protección a su esposa. No ve en ella falta porque la ama muy profundamente, como Cristo amó a su Novia, la Iglesia. *"Misericordia y verdad guardan al rey, y con clemencia se sustenta su trono"* (Proverbios 20:28). Con un amor y una fe como esas, su familia está sobre la roca y *"y las puertas del Hades no prevalecerán contra ella"* (Mateo 16:18).

9

MÁS CAMINOS A LA PAZ

Una de las funciones más importantes de la familia es la protección. *"Y no nos metas en tentación, mas líbranos del mal"* (Mateo 6:13). Porque esta es una de las peticiones que Jesús enseñó a sus discípulos a hacer a su Padre-Rey; entonces me parece de gran importancia para nosotros, los padres terrenales. Creo que esto es lo que Pablo tenía en mente cuando dijo:

> *"Maridos, amad a vuestras mujeres, y no seáis ásperos con ellas"* (Colosenses 3:19).

Y nuevamente:

> *"Y vosotros, padres, no provoquéis a ira a vuestros hijos, sino criadlos en disciplina y amonestación del Señor"* (Efesios 6:4).

Es el amor de un rey que protege (cubre) su reino y evita que el Malvado ataque con sus armas de ira, amargura y resentimiento que siempre están presentes alrededor de nuestros reinos. Este "amor" que protege a la familia de un hombre es el "camino aún más excelente" de 1 Corintios 13, y las armas de Efesios 6:10-18 son la colección de un buen rey. Los hombres a menudo somos culpables de tentar a nuestras esposas hacia la amargura y falta de respeto por nuestro fracaso en tener cuidado de las finanzas. Muchos hombres exponen a sus esposas a los tormentos del mundo por el embrollo financiero en el que están. Cuando hay carencia de amor en un hogar, el vacío a menudo se llena con objetos materiales, los cuales son costosos. El embrollo financiero provocado por sustituir con cosas el amor a menudo requiere que la esposa salga de casa para trabajar.

Ahora bien, no soy tan ingenuo para decir que todas las madres o esposas que trabajan lo hacen por la falta de amor de parte del esposo. En la descripción de una verdadera buena esposa por el rey Lemuel en Proverbios 31:24, encontramos que ella *"hace telas, y vende, y da cintas al mercader"*. Así, hay un tiempo legítimo para que la esposa ayude con el presupuesto familiar. Sin embargo, si esto provoca que la mujer se estrese en exceso y se tense o le dé una excusa para evadir sus responsabilidades como esposa y madre, entonces se debe considerar cuidadosamente cuál es el problema real. Me preocupan los hombres que fuerzan a sus esposas o les permiten trabajar por la crueldad de sus motivaciones egoístas para adquirir más prestigio social, sin importarles el terrible costo para sus esposas e hijos.

Me doy cuenta que no hay una solución general a este aparato satánico destruye-hogares del materialismo; pero un hombre que está bajo el control del Espíritu Santo estará dispuesto a ofrecer la máxima protección de su luz y guía en este laberinto de materialismo.

No solo existe el problema de los hombres que no ganan suficiente dinero para llegar a fin de mes, sino la situación de hombres con salarios adecuados, pero que en automático le cargan el muerto a sus esposas para sudarla con el juego del pago de cuentas. Hay muchos argumentos en pro y en contra sobre esta área de la vida familiar, y no voy a presumir de tener la última palabra, pero la mejor palabra es la de Dios, que nos enseña que los esposos son cabezas de sus esposas (1 Corintios 11:3) y como tales deben ofrecerles protección. Esta área de las finanzas es solo una en la que el hombre (rey) puede cubrir a su esposa de la presión y responsabilidad de decidir a quién se le paga y de dónde viene el dinero. Esto no quiere decir que ella no debe tener nada que ver con el dinero, sino que ella no debe tener la carga de decidir a quién se le paga o de mantener a la familia.

Otra área de protección que las mujeres necesitan de sus esposos es en las circunstancias sociales. Prestar atención a su propia esposa en situaciones que involucran a otros hombres es saludable y sano. Pero cuando un esposo permite que su esposa quede expuesta ante los hombres sentimentales y acosadores en una reunión social, el matrimonio puede echarse a perder. Las fiestas son parte de la vida gregaria de los seres humanos; pero si los hombres son negligentes al proveer apoyo para sus esposas en un momento en el que sus defensas pudieran estar bajas, contribuyen a una mala escena. Muchos hogares se han roto por la actitud descuidada de los esposos, que permiten que sus esposas queden expuestas ante hombres lascivos. Si usted no protege a su esposa, nadie más lo hará.

La responsabilidad de un hombre como padre-rey queda ilustrada perfectamente en la clase de amor que el apóstol Pablo fue inspirado a describir a la iglesia de Corinto. En su análisis del amor (caridad), el Espíritu Santo deja en claro que el amor ofrece protección. Pablo, guiado por el Espíritu Santo, ofrece nueve cualidades del amor (1 Cor 13:4-6) que el hombre puede usar.

Cuando le pedimos que ame a su esposa como Cristo amó a la iglesia, le estamos pidiendo que sea nueve cosas: paciente con su esposa y su familia, amable, generoso, humilde, cortés, no egoísta, afable, intachable y honesto. Ahora, permítame ilustrar cómo estas cualidades pueden ponerse en práctica. Cuando usted y su esposa están socializando, una oportunidad perfecta para protegerla es ser cortés.

Estuve en un evento social en el que habían sido invitadas varias parejas a una cena donde cada uno trae algo para compartir. Mientras las parejas llegaban, fue interesante observar cómo actuaban e interactuaban unas con las otras. Mientras comíamos, me hallé a mí mismo preguntando a las esposas de otros hombres si podía llevarles algo más de beber o más panecillos, y entonces me percaté que le estaba quitando el derecho y privilegio a sus esposos de hacerlo para sus propias esposas. Cuando otras esposas iban a sentarse o ponerse en pie, los hombres eran corteses con las otras damas acomodando sus sillas o viendo que tuvieran lo que necesitaban. Después, mientras pensaba en eso, me di cuenta que cada esposo necesita ser cortés, dulce y considerado con su propia esposa. Como lo dijo una esposa: "No quiero que mi esposo esté dando a otras esposas las atenciones que debería darme a mí".

Cuando cada esposo pone atención en su propia esposa, hay una dulce protección que evita que muchos sentimientos equivocados comiencen entre las parejas.

Antes de que se terminara esa noche, vi a los esposos ser desagradables y egoístas ante sus esposas, y sin duda se llevó algo de tiempo para que estas parejas regresaran a una relación correcta. Aunque parezca mentira, la mayoría de los hombres y las mujeres no se dan cuenta en realidad lo que está sucediendo. Todo lo que saben es que algo anda mal, así que no saben cómo manejar la situación. Cuán fácil sería si cada esposo protegiera a su propia esposa, siendo amable, considerado y no egoísta con ella. Un hombre debería saber si a su esposa le molesta bailar con otro hombre, y si es así, él debería ofrecerle protección de esos hombres que le piden bailar, diciendo: "Lo siento, es mi pareja esta noche", o algo que les hiciera saber que usted no va a dejar que su esposa baile con nadie más que con usted. Esto puede parecer poca cosa, y la mayoría de los hombres e incluso algunas mujeres podrían decir: "¡Ay, por esa tontería!". Pero si no comenzamos a tratar algunos de esos problemas a través de la manera "tonta" (así es como se percibe hoy día la cortesía), entonces continuaremos viendo esa ola de confusión entre las parejas. Escucho a hombres y mujeres decir: "No quiero decir nada acerca de cuando mi esposo abre la puerta del auto para otra mujer, es tan insignificante". O un esposo dirá: "Luciré como esposo celoso si no dejo que mi esposa baile con otros hombres". Pero nunca se ha dado cuenta que si aprendiera a bailar y ofreciera a su esposa protección y cortesía, su esposa le respondería amándolo.

Cuando las parejas salen juntas, se erige una pared si la mujer siente no ser muy importante. El marido que ignora a su propia esposa, realmente la corta y la lastima. Ella difícilmente podrá soportarlo.

He aprendido que hay algunas esposas que no están recibiendo el amor y la atención de sus propios esposos, de modo que cuando otro hombre es cortés y considerado con ellas, se abren sentimientos que pueden ser mal dirigidos. Antes de darse cuenta, la situación se habrá salido de control.

Porque muchos hombres fracasan en la responsabilidad de dar a sus esposas amor y atención, las esposas los buscan en otros hombres. Esas mujeres coquetas son así a causa de sus propios maridos.

Las mujeres que buscan la atención de otros hombres crean tensión entre las parejas de cualquier lugar en el que se encuentren juntos esposos y esposas. Estoy consciente, a través de la consejería, de que las esposas cuyos esposos responden a los flirteos de otras mujeres se molestan mucho. La mayor parte de los hombres sienten que es tonto que sus esposas se molesten por esa pequeñez. Cuando un hombre se ríe y le dice a su esposa: "Querida, eso es insignificante", cierra la puerta y causa que ella comience a generar sentimientos de resentimiento hacia su esposo, porque ha fallado en protegerla.

Si usted se entera que a su esposa le molesta que usted preste atención a una mujer coqueta, entonces lo cortés es escuchar a su esposa y ponerle atención. Así, el amor de ella para con usted se reestablecerá en una forma favorable. Después de todo, es más importante impresionar a su propia esposa que a la de alguien más, y las recompensas son mayores. Todo lo que un hombre tiene que hacer es ignorar a la mujer coqueta, y ella se irá, pero la mayoría de los hombres no lo hacen porque disfrutan de la atención y los sentimientos que obtienen. Esto es ser desagradable, egoísta, orgulloso y deshonesto. Todo lo cual significa falta de amor por su propia esposa y, por lo tanto, falta de protección para ella. Cuando un hombre dice: "Pero, querida, sabes que te amo", y a pesar de ello la esposa siente que ella es la que está siendo ignorada, le creerá más a sus sentimientos que a lo que escucha a su esposo decir.

Proteger a su esposa toma un nuevo tinte cuando están en público. Es una cosa mostrar amor a su esposa tras puertas y persianas cerradas, y otra mostrar amor a su esposa en público. Ambas son necesarias. Hay muchos pequeños actos de amabilidad que los hombres dejamos pasar, y como resultado, tenemos que cosechar las consecuencias. Créanme, hombres, son los pequeños detalles los que a la larga cuentan. Las grandes cosas, como proveer dinero para las necesidades de la vida diaria son pan comido, son las palabras de alabanza las que producen resultados de oro.

> *"Manzana de oro con figuras de plata es la palabra dicha como conviene"* (Proverbios 25:11).

Son esas palabras de alabanza las que protegen del mundo a la esposa de un hombre, porque entonces el mundo sabe lo que un hombre siente por su esposa. Es mucho más fácil para un esposo criticar a su esposa de lo que es elevarla. Muchos hombres temen hacer saber a otros hombres lo que sienten por sus esposas. Por otro lado, si resulta muy difícil para un marido alabar a su esposa en privado, mucho más lo será hacerlo en público. Pero si los hombres supieran lo maravilloso y hermoso que siente una mujer cuando su esposo se alza en su defensa y la elogia en público, lo harían continuamente. Eso construiría la relación y la haría más sólida y fortificada.

Necesitamos comprender que el matrimonio es más que un contrato, es una relación. Y la relación se mantiene viva por nuestra bondad y cortesía, así como por nuestra franqueza al conversar. ¿Por qué es tan difícil para un hombre ser amable con su esposa? Creo que la razón es porque tiene temor. Tiene miedo de lo que otros puedan pensar, o teme que su esposa se aproveche de él. Lo que no sabe es que cosecharía amabilidad, respeto y paz de todos los que vean y sepan, especialmente de su esposa. El temor es un espíritu atormentador, y ese espíritu es echado fuera en amor perfecto (maduro).

> *"En el amor no hay temor, sino que el perfecto amor echa fuera el temor; porque el temor lleva en sí castigo. De donde el que teme, no ha sido perfeccionado en el amor"* (1 Juan 4:18).

En otras palabras, cuando un hombre es amable, paciente, humilde y afable, entonces está mostrando un amor verdadero. Estamos hablando de formas muy sutiles en las que usted como esposo puede dar protección a su esposa. Es el egoísmo de un hombre el que opaca el gozo de la vida familiar. Realmente necesitamos revisar nuestras motivaciones, por qué hacemos lo que hacemos. Un buen ejemplo de lo que estoy diciendo me sucedió recientemente. Pensé en preparar el desayuno de mi esposa un domingo porque quería mostrarle amor. Así que me levanté y encendí la parrilla y cociné salchichas, tocino y panqueques, y tuve el café listo, y fui y besé a mi esposa y le dije que el desayuno estaba listo. Cuando salió, miró la mesa y notó que no había jugo de naranja y dijo: "Voy a hacer una jarra de jugo de naranja". Me molesté y exclamé: "¡Para cuando lo hagas, ya se habrán enfriado los panqueques!". Ella respondió: "Bueno, Page, ¿estás más preocupado por unos panqueques fríos o por mí?". Entonces me di cuenta de que todo el esfuerzo que había hecho no era por Patti, sino por mi propio ego, que es la forma en que hago muchas cosas. Esa fue una lección para mí. Me enojé porque Patti no recibió lo que yo "pensé" que era una labor de amor, así que reaccioné en una manera egoísta de ira y autocompasión. Usted dice: "Eso es una pequeñez", y tiene razón. Pero la cortesía es el amor en las insignificancias. Cuando un hombre pasa la máquina de afeitar en su barba cada mañana por una semana, va perdiendo el filo por el uso. Luego, cuando reemplaza la navaja, se da cuenta de la diferencia de una buena, limpia y suave afeitada. Lo que quiero decir, hombres, es que esos pequeños actos de bondad y cortesía son formas de mantener su navaja afilada, por decir algo, y de hacerse un favor a ustedes mismos, manteniendo un hogar suave, amable y dulce donde la paz y la prosperidad reinan.

Cuando usted y yo tomamos en serio la Palabra de Dios, la creemos y vivimos por ella, estamos rodeados por su amor, y nuestros hogares están protegidos del maligno. Lo que Satanás quiere es confundir y complicar a la familia para que pierda su efectividad. Si Satanás puede ganar el hogar, va en buen camino de arruinar la buena y perfecta voluntad de Dios. Y permitimos que el diablo lo haga, hombres, al no permanecer en la Palabra (confiando en Dios).

Si Dios nos dice que el amor no busca lo suyo, ¿entonces por qué somos tan testarudos en salirnos con la nuestra? Si la Biblia enseña que el amor es humilde, ¿entonces por qué somos tan fanfarrones? Si el Espíritu de Dios nos hace saber que el amor es ser amables, ¿entonces por qué tenemos tan mal temperamento? Todo se reduce a que los hombres no estamos dispuestos a admitir que somos egoístas y que estamos desobedeciendo la Palabra de Dios y, por lo tanto, destruyendo los hogares que Dios mismo ha establecido.

La protección para nuestros hogares viene cuando obedecemos la voluntad de Dios y amamos de las nueve formas listadas, no solo a la gente en el trabajo, sino a la gente en su propia casa, que sea verdadera caridad, no solo darle un cheque a su esposa para que lo deposite en el banco. En lugar de eso, amor es que un hombre le dé a su esposa lealtad, sin importar lo que cueste, creyendo en ella, siempre esperando lo mejor de ella, y siempre permaneciendo en su posición de defenderla a ella.

> *"Todo lo sufre, todo lo cree, todo lo espera, todo lo soporta"* (1 Corintios 13:7).

Un verdadero rey, un buen rey, es aquel que se asegura que su esposa tenga todas las provisiones para la vida, el gozo, la paz, la salud y ser protegida de los ataques de Satanás y del mundo. Eso, por supuesto, es una hazaña que no puede ser cumplirse apartado de Cristo como Rey en su vida. Si Cristo es el gobernante de su alma, usted puede ser el gobernante de su hogar.

Dios le ha delegado a usted la autoridad y la realeza. La forma en la que el hogar marche es la forma en que usted lo hace ir o lo permita. Por lo tanto, si hay algún problema dentro de su reino, usted es responsable de ver que se solucione. Debe manejar los asuntos incluso si los dos van a pedir consejería. Lo que puedan sentir que no es serio puede ser un problema muy grave, y no lo están enfrentando. La mayoría de nosotros los hombres sentimos que si no hay mucha estática, todo está bien en casa. O puede pensar: "Para qué revolver el agua si mi esposa no está en desacuerdo o no está muy molesta". Pero está en la naturaleza de la mujer dejar que las cosas se acumulen hasta que explotan.

Los hombres dicen: "Mi esposa se enfurece una vez cada tantos años, y hemos hecho eso durante toda nuestra vida de casados". Mi comentario es: "¿Por qué los hombres no intentamos hallar qué está provocando el problema y lidiar con la verdad?" Todo lo que necesitamos hacer es decir: "Querida, dime qué hacer". Nuestras esposas pueden decirnos mucho si tan sólo escuchamos, y mientras tanto nos estaríamos haciendo un favor.

Es la responsabilidad del esposo ser el iniciador (no el "irritador") en la política de toma de decisiones en su hogar. Muchos hombres se han vuelto tan vagos en esa área que la han entregado por completo a sus esposas. Los maridos han dejado tantas cosas a cargo de sus esposas al punto que ellos, las cabezas del hogar, toman muy pocas decisiones. Dejan que sus esposas decidan a dónde van a ir, qué van a comer, cuándo, dónde y con quién van a hacer su vida social. Por supuesto, un hombre que hace esto puede fácilmente culpar a la esposa cuando las cosas no funcionan, porque él mismo ha sido muy débil en la toma de decisiones y en llevar sobre los hombros las consecuencias.

Usted puede ser uno de esos tipos que siente lástima por sí mismo, que piensa: "Bueno, de todas maneras, nunca logro hacer lo que quiero, ¿así que por qué no dejar que ella haga como le plazca?". Todo este tiempo ha pensado que es muy dulce, cuando en realidad está siendo débil. ¿Por qué? Porque no puede soportar la reacción violenta de una esposa desilusionada y airada. Así que razona y se dice a usted mismo: "Dejaré que haga como quiera, y luego sacaré ventaja de ella cuando quiera actividad sexual o quiera ir a algún lugar con los chicos". Una pareja que conozco ha encontrado un buen sistema al usar el orden divino. Dándose cuenta que él debe ser el iniciador y tomar todas las decisiones en su hogar, le ha dado a su esposa la libertad de decir lo que siente y piensa. Cuando ha escuchado cuidadosamente sus comentarios, entonces toma una decisión. Al mismo tiempo, cuando su esposa se vuelve muy agresiva en su actitud, le dice: "Querida, necesitas retroceder". Así tienen un principio de trabajo que crea una amorosa relación de dar y recibir a la vez que reconocen las debilidades de ambas partes. Está basado en el amor y la verdad, algo que incrementa la paz y la satisfacción en su hogar.

Una esposa se siente satisfecha cuando puede presentar sus ideas y pensamientos o críticas y observaciones libremente a su marido, sin que él se haga pedazos. Si usted es un buen rey, escuchará el consejo de sus jefes de departamento y luego tomará sus decisiones, responsabilizándose completamente por cualquier metida de pata. A los hombres se nos hace tan difícil admitir nuestras faltas y malas decisiones, que generalmente racionalizamos o nos quitamos de encima los errores a costa de nuestras dulces esposas.

Dios me ha hecho sentir la presión en la que los esposos ponemos a nuestras esposas debido a nuestras actitudes egoístas.

De acuerdo al orden de Dios, la esposa debe estar sujeta a su esposo. Pero cuando él no toma las decisiones, cuando no toma las riendas, y cuando fracasa en ser el líder espiritual, provoca angustia excesiva y lastima el corazón de su esposa. Como reyes, usted y yo debemos manejar nuestros problemas bajo el liderazgo del Espíritu Santo, mirando honestamente los hechos y la verdad bajo su luz.

Las características de un hombre del reino, compiladas en el Sermón del Monte, son quizá el mejor diseño para un nuevo orden de vida familiar, así como del reino de Dios. Si usted y yo siguiéramos este diseño con fe, con la ayuda del Espíritu Santo, veríamos un cambio fenomenal en cada aspecto de la vida familiar. Estudie Mateo 5 al 7 bajo la luz del Espíritu Santo, con su propio reino (hogar) en mente y vea si no trae una nueva esperanza, felicidad y santidad a su hogar.

Puesto que Dios ha dado al hombre "en Cristo" el título real de "Consejero", necesita consultar al Señor, venir ante la corte de su Señor para recibir entendimiento del pasado, presente y futuro. Por lo tanto, un esposo debe orar mucho. *"Antiguamente en Israel cualquiera que iba a consultar a Dios, decía así: Venid y vamos al vidente"* (1 Samuel 9:9).

La función principal del esposo, o profeta, es recibir, a través de la guía del Espíritu Santo, comprensión en cada fase de la vida familiar. Es a través de la oración que los hombres somos capacitados para ver las diferentes necesidades de nuestra esposa e hijos. Tengo la idea de que si hiciera una encuesta entre los hombres que asisten regularmente a la casa del Señor a adorar y les preguntáramos: "¿Cuándo fue la última vez que usted y su familia se juntaron para orar?", obtendría una respuesta como esta: "No sé. Probablemente hace mucho tiempo. Además, es muy difícil juntar a la familia por un período de tiempo". Sea muy cuidadoso al considerar este misterio de la oración, porque la falta de tranquilidad doméstica lleva al fracaso de la oración que da perspectiva.

> *"Vosotros, maridos, igualmente, vivid con ellas sabiamente, dando honor a la mujer como a vaso más frágil, y como a coherederas de la gracia de la vida, para que vuestras oraciones no tengan estorbo"* (1 Pedro 3:7).

Como profeta, usted es un "vidente", alguien a quien se le dan poderes naturales para "ver" más allá de lo obvio hacia las consecuencias espirituales y morales de varias acciones y reacciones de la vida familiar. Pero si no trata a su esposa como debe y no es cuidadoso y considerado con las necesidades de ella, su papel como profeta será deteriorado porque perderá el contacto con su fuente de sabiduría y verdad.

Debo confesar en este momento que como ministro de una iglesia, muchas veces soy incapaz de recibir la unción porque no estoy tratando correctamente a mi familia. Eso me estorba para recibir la verdad y el poder del Espíritu Santo durante el servicio de adoración y predicación y alabanza debido a mi pobre relación con mi esposa e hijos. Esa no es la única razón de que los ministros no seamos proféticos en nuestra predicación, pero ciertamente contribuye a mucha de la ineficacia del púlpito en estos tiempos.

Su pregunta en este punto puede ser: "Bueno, no soy predicador, así que ¿por qué hablar conmigo sobre ser profeta o la ineficacia del púlpito?". Debo decirle que como líder espiritual de su hogar, se convierte en predicador y profeta. Para que funcione en tal calidad, debe mantenerse en contacto con Dios el Padre a través de la oración. Ese contacto es estorbado cuando no trata a su familia correctamente. Es así de simple.

Hay muchas causas del fracaso en la vida de oración, tales como la falta de fe, obediencia, compasión, gratitud, amor y perdón; también pecados de actitud mental como el orgullo, la preocupación, celos, temor, ira, odio, autocompasión, adulterio mental, obstinación, rebeldía; también pecados relacionados a la lujuria, como la idolatría, la hechicería, pasiones sexuales y borracheras, asesinato y fiestas descontroladas; así como pecados de la lengua, tales como el chisme, la crítica y el lenguaje obsceno.

Si se da cuenta, muchas de estas causas de fracaso en la oración están íntimamente relacionadas con el escenario doméstico, la furia y la preocupación por pequeñeces en la familia. Recae sobre los hombros del presidente de la junta, el marido, traer orden en este caos. Es un trabajo para un superhombre (sobrenatural), así que se requiere que el hombre descienda a la confesión y al arrepentimiento para prepararse y ser lleno del Espíritu Santo. Cuando es lleno con el Espíritu Santo, su cabeza es ungida con aceite (comunión con el Señor) y su copa está rebosando (las bendiciones se derraman).

Es en este punto que un hombre se convierte en el profeta de su familia y puede ver con claridad las necesidades que tienen tanto en el área espiritual como en la física. Es fácil ver cuando sus hijos necesitan zapatos, ropa o incluso juguetes nuevos, pero es mucho más difícil ver sus necesidades psicológicas, sociales, emocionales y espirituales. Esto es especialmente cierto cuando usted es cegado por sus propios deseos egoístas. Sin embargo, cuando usted está dentro del orden divino de Dios y está siendo obediente en fe, puede "ver" cuáles son esas necesidades y puede hacer arreglos para lidiar con ellas. Muchos hogares están en gran necesidad de esposos que se aseguren de que sus esposas e hijos reciban el alimento espiritual apropiado y que juntos oren y adoren a Dios.

Ser profeta en su hogar le traerá ricas recompensas. Cuando sea capaz de distinguir qué hace feliz a su esposa, y a saber qué la decepciona, lo que la motiva, lo que la ayuda, lo que la emociona, lo que la saca de quicio, lo que la complace, lo que la avergüenza, lo que la deleita, lo que le da placer, gozo o paz, estará funcionando como profeta. Es como profeta que sabe qué tipo de regalo dar a su esposa. Escuché a un hombre decir: "Cuando mi esposa y yo nos casamos, le traía regalos. Pero siempre se quejaba porque no le quedaban o porque no era el color correcto o era de mal gusto, así que, ¿sabe qué? ..."

Le dije: "Sí, sé qué. Dejó de comprarle regalos y ahora le da dinero y le dice que vaya y se lo compre ella". "Es correcto", dijo, "pero, ¿cómo lo supo?".

"Lo sé porque yo tenía la misma actitud", dije.

"¿Quiere decir que ha cambiado de parecer sobre eso?", me preguntó.

"Sí", contesté. "Ahora comprendo que como profeta de mi hogar, debo pedir a Dios que me dé la comprensión para saber qué le gusta y qué le disgusta a mi esposa. Debo estudiarla como lo haría con las características de un animal al que quiero cazar o del pez que quiero pescar. Ahora me doy cuenta que ella es la pesca más importante de mi vida, y si doy todo lo que tengo, la recompensa será grande".

Su rostro estaba perplejo como si yo estuviera un poco loco, porque siempre había pensado que una vez que atrapas a tu esposa, una vez que la llevas por el pasillo y le pones el anillo en el dedo, ya no necesitas tratar de atraparla más.

"Yo hacía todo eso antes de que nos casáramos", dijo, "pero se sorprendería mucho si fuera a hacer eso ahora".

Si usted también tiene esa misma actitud, realmente se está perdiendo de la emoción, el gozo y el desafío de estar casado.

¿En dónde dice en los votos matrimoniales que ya no debe verse vivo, estar vivo y actuar como vivo? Usted está casado "hasta que la muerte los separe" y "todos los días de su vida". Hay muchas parejas que conozco que están "muertas" en el sentido de que el esposo ha dejado morir al matrimonio, solo que aún no le hacen un servicio funeral. Por eso muchos matrimonios "apestan", porque ya están muertos. Cuando la actitud de un hombre no muestra ningún deseo de esforzarse para estudiar, comprender y complacer a su esposa, el matrimonio está muerto.

Yo no recomiendo el divorcio, yo recomiendo la resurrección. El propósito de este libro es traer de vuelta a la vida aquellos miles y miles de matrimonios que son cadáveres. Es la responsabilidad del hombre iniciar la resurrección.

Pero no puedo hacerlo al morir a mi esposa, solo al morir a mí mismo. Una vez que el yo (el viejo hombre) está fuera del camino, el matrimonio vuelve a la vida.

Volver a casarse nunca es la respuesta. Dios se asegurará que usted se consiga una chica como la que tiene ahora, así que podría mejor quedarse con la esposa que tiene y deshacerse de sus viejas actitudes, pecados y orgullo. Si un hombre se vuelve a casar y dice: "¡Pero, hombre! Esta esposa es mucho mejor que la otra", solo se está engañando a sí mismo. Antes de que pase mucho tiempo el romance se habrá ido otra vez, y estará listo para cambiarla por otra nueva esposa. Esa no es la forma de Dios para tratar con el problema, y entre más pronto aprendamos la manera de Dios, mejor será todo nuestro mundo.

Hay muchos hombres que quieren tener a sus esposas internadas en algún hospital psiquiátrico para poder ir y conseguirse otra esposa y hacerle lo mismo a ella. La razón por la que muchas esposas están mal mentalmente es porque nosotros los hombres en realidad las hemos llevado a ese otro mundo del que tratan de escapar, pero incluso ahí son perseguidas por los ecos de hombres pecaminosos a través de los tiempos.

Las mujeres tratan de huir de sus esposos muertos al probar cada nueva moda que llegue. Pero no las culpemos; enfrentemos la verdad y veamos que es nuestra actitud de egoísmo la que ha causado que esto suceda. Los hombres se quejan de que sus esposas se interesen en el espiritualismo o la hechicería, o en toda clase de actividades estrafalarias, pero enfrentémoslo: es culpa del hombre.

A causa de que los hombres no somos los líderes espirituales, los profetas de nuestros hogares, hemos permitido que ocurra una gran injusticia, y todo el tiempo hemos hecho sentir culpables a las mujeres cuando todo es nuestra culpa.

En el área de la paternidad, el profeta es capaz de ver las necesidades de sus hijos. La mayor necesidad que tienen es de un buen ejemplo, porque son imitadores. Cuando ven en su papá un gran amor y una gran admiración por su mamá, repetirán este ejemplo y la respetarán a ella y a él también.

Cuando un hombre es disciplinado bajo la autoridad del Espíritu Santo, da un buen ejemplo. De lo contrario, se convierte en un mal ejemplo. Si no es lo suficientemente disciplinado usted mismo para hacer lo que debe hacerse en la casa y en lugar de eso desperdicia el tiempo u holgazanea, ¿cómo se le ocurre esperar que sus hijos acaben lo que comienzan? Cuando el hijo llega a casa y se supone que debe hacer su tarea, o se supone que debe hacer quehaceres, o practicar, ¿cómo puede esperar a que sea auto disciplinado cuando usted no lo es? No puede engañar a un niño diciendo una cosa y haciendo otra. Los niños detectan los sentimientos y pueden sentir cuando usted está molesto con su esposa o se rebela contra ella. Y ese niño crecerá con sentimientos internos de confusión y conflicto, y también con resentimiento y rebeldía. Y ni siquiera sabrá por qué. Pero es porque usted fracasó en su responsabilidad de estar a cargo y de hacer las cosas que debió hacer en casa, debido a su falta de autodisciplina.

Yo estaba interesado en ver qué clase de respuesta obtendría de hombres que fumaban, que no son lo suficientemente auto disciplinados para controlar cuándo y dónde fuman. Así que mi esposa y yo invitamos a una docena de parejas a nuestra casa, en la que antes siempre se les había permitido fumar. Pero esta vez, mientras llegaban, les pedimos que no fumaran en nuestra casa esa noche.

Hubo toda clase de reacciones. Algunos pensaron que estábamos bromeando. Otros se indignaron. Algunos insistieron en fumar. Algunos estaban muy incómodos. Algunos aceptaron la solicitud y se refrenaron de fumar hasta regresar a sus casas. Lo que estoy tratando de establecer es esto: ustedes, hombres que son incapaces de lidiar con el cambio, con reglas y normas, con consideración por los derechos de otros debido a su falta de autodisciplina, van a establecer patrones de influencia muy pobres en su familia.

Solo hay una forma en que la familia permanezca estable, y no es porque el esposo gane un fabuloso salario. No es por incrementar sus actividades sociales. Ni es por mudarse del campo a los suburbios. No es por cambiar de esposa. Y no se encuentra en las vacaciones, clubes, política o recreación. Una familia permanece estable y gozosa cuando el esposo entra al orden de Dios, realizando su oficio como sacerdote, rey y profeta de acuerdo con las instrucciones de Dios, viviendo bajo la divina guía del Espíritu Santo y los principios de la Palabra de Dios.

Muchos hombres hallan que esto es verdad y se preguntan por qué se rebelaron por tanto tiempo, por qué no escucharon antes, por qué esto no se enseña, y por qué otros todavía están intentando por diferentes medios. ¿Por qué esperar más? Decida justo ahora someterse al gobierno y reinado de Dios el Padre, de manera que pueda convertirse en el esposo correcto y el padre correcto para su familia.

Vivimos en una época en la que los hogares están al borde del desastre. Esposos y esposas van en direcciones opuestas. Los hijos se rebelan contra todo ello. El remedio es muy simple: si los hombres cambian y se vuelven los sacerdotes, reyes y profetas de sus hogares como Dios lo tenía planeado.

Entre mejor trate a su familia, mejor será la familia. Lo opuesto también es verdad. Entre peor los trate, peores serán.

Esposo, ame a su esposa, trátela sacrificialmente en su amor de tal manera que sea sensible y esté al tanto de sus necesidades como respondedor. Y dele amor, amor y más amor. Hágase un favor y ame a su esposa.

10

ME HICE UN FAVOR

Los siguientes pensamientos vinieron de un joven que se expuso a los principios de este libro:

> Fred y yo habíamos llegado tarde a la fogata porque habíamos estado jugando billar en el salón de entretenimiento localizado a la entrada del campamento. Era uno de esas mesas de billar operadas con monedas. No queríamos gastar nuestro dinero y sentimos que no le haríamos daño a nadie si llegábamos un poco tarde a la reunión que había sido previamente arreglada para discutir las relaciones familiares en el orden de Dios.
>
> Como era de esperarse, los otros hombres ya estaban sentados alrededor de la fogata, que ya estaba bien encendida y daba mucho calor. Me sentí algo culpable mientras me sentaba en la tumbona que alguien más

me trajo para que usara. Los niños estaban en otra área con un estudiante de ministerio juvenil, con suerte discutiendo lo mismo alrededor de su fogata.

La conversación iba más o menos avanzada, y no pasó mucho tiempo antes de caer en la cuenta del mensaje. Mientras estaba sentado y escuchaba lo que el ministro dijo, esas sensaciones de calor que sentía no vinieron de la fogata. Era una interna y profunda rebeldía que estaba luchando por salir a la superficie, atacando los pensamientos de este hombre que yo listaría como uno de mis mejores amigos.

¿Se había unido al movimiento de liberación femenina? ¿Se había cambiado al otro lado? ¿O estaba bajo la influencia de su esposa? Todo tipo de ideas pasaron por mi mente. No iba a convertirme en un mandilón, ni iba a aceptar la culpa por todas las cosas que iban mal en nuestra casa. Este tipo decía locuras, y los otros tipos estaban diciendo todos sus problemas sin, creo yo, decir todos los hechos y preguntándole a Page: "¿Tengo yo la culpa?". Y él siempre respondía: "Sí". Puedo recordarle decir, mientras nos hablaba del orden de Dios: "Esposos, amen a sus esposas, incluso como Cristo amó a la iglesia y se dio así mismo por ella".

No podía aceptar ese número acerca de amar sacrificialmente a tu esposa; siendo que mi naturaleza es ser egoísta. Mientras viajábamos de regreso a la ciudad esa noche de septiembre, me preguntaba cuántos otros sintieron lo que yo sentí, y cuántos se sintieron como él. Al pasar el tiempo, escuchamos algunos sermones de Page sobre "El orden de Dios". No me di cuenta, pero mucho de la doctrina que Page predicaba antes del viaje del campamento, y en el campamento, había encontrado un lugar en el banco de mi memoria, y pude recordarlo después a medida en que la Palabra de Dios hablaba a mi corazón. Entonces, me hice un favor. Decidí que, con la ayuda de Dios, pondría mi hogar bajo el orden de Dios. Debo confesar que no es tan fácil como se escucha, pero funciona. En ocasiones no he dejado que Cristo me ayude a superar mi naturaleza egoísta y he tenido que sufrir las consecuencias. Por ejemplo:

Tenemos un nogal en nuestro jardín trasero, y este otoño produjo bastantes nueces. Fue mi "santurrona" idea de dividir las nueces en números pares (bolsas de diez libras) para dar a todos nuestros amigos y conocidos. Mi esposa, por otro lado, sentía que una de nuestras tías merecía una porción más grande que la bolsa de diez libras por su generosidad hacia nosotros a lo largo de los años. Me interesaba mucho no mostrar parcialidad, de modo que no escuché la súplica de mi esposa de dar a su tía más de lo que le estaba dando a los otros. Mi esposa incluso se ofreció a pagarme por las nueces extra para dar a su tía, y esto me ofendió, porque esas nueces eran un regalo de Dios, y no iba a sacar dinero de ellas, ¡qué ocurrencia!

Para entonces, mi esposa estaba furiosa y llorando, y yo estaba gritándole, tratando de hacerla entender mi postura. Así que ahí estábamos, peleando por mi postura

> piadosa, y todo el tiempo creí que estaba siendo el líder espiritual de mi familia. Así transcurrió toda la tarde del domingo, de aquí para allá discutiendo por las nueces. Yo seguía pensando: "Algo está mal con mi esposa. ¿Cómo no se da cuenta de lo "bueno" que soy, en lugar de insultar mi espiritualidad?".
>
> Después de todo, había ido a la iglesia ese día y ella no, así que eso me hacía mejor que ella. No pude verlo entonces, pero claramente era yo el que no funcionaba. Mi santurronería y autocompasión se atravesaron como olor nauseabundo, y no es extraño que mi esposa se rebelara contra mí.
>
> Desde entonces me he dado cuenda de que, si mi hogar está en discordia, toda la oración y adoración en el mundo no me harán estar bien con Jesús.

Saber cuándo su hogar está en el orden divino, cada uno de los miembros de la familia en comunión con Jesucristo y Dios, es una revelación. No saberlo, es experimentar autocompasión, odio y discordia dentro y fuera del hogar. Oro a mi Señor y Salvador que no solamente cada hombre de nuestra iglesia, sino de la comunidad, así como de la nación, reconozca a través del Espíritu Santo el orden divino establecido por Dios, para que podamos adorarle y glorificarle dentro de ese orden.

El incidente antes narrado fue usado con permiso, y nos vemos reflejados a nosotros mismos en él. Este episodio no fue para nada gracioso para la familia en cuestión durante el tiempo en que ocurrió, pero visto desde afuera, es cómico, incluso para esa familia varios meses después. Uno de los beneficios del hogar controlado por el Espíritu Santo es ser capaces de mirarnos a nosotros mismos y a nuestra situación, y vernos lo suficientemente claro como para reírnos, lo cual es la cura de muchos de nuestros problemas caseros porque muchos de ellos son graciosos. Por eso se crean tantos *sketches* de televisión basados en incidentes que pasan en los hogares, son medicina para nuestra alma. Nos reímos, nos relajamos, y disfrutamos de la situación.

> *"El corazón alegre constituye buen remedio; mas el espíritu triste seca los huesos"* (Proverbios 17:22).

Una repetición instantánea de esos incidentes cómicos en nuestra vida diaria nos da bastante material gracioso para poner feliz a nuestro corazón. Si nuestros hogares están alegres, tenemos la verdadera medicina para hacer al hogar feliz. Hay comedias y tragedias ilimitadas que ocurren cada día en nuestras salas, cuartos de juegos, habitaciones, cocinas, autos y jardines. Entre más pronto aprendamos, por el Espíritu de Dios, a ser las "otras personas" que repiten esas emocionantes escenas en alta definición, más pronto seremos capaces de ayudarnos a nosotros mismos. Si lo que ve que ocurre va hacia un final trágico, entonces hablen entre ustedes, enfréntenlo y resuélvanlo. Por otro lado, si es gracioso, ríanse y disfrútenlo. La mayoría de los incidentes de nuestra vida familiar merecen una gran carcajada. Hay unos pocos que merecen ayuda profesional. Aprendamos cuál es la diferencia y actuemos en consecuencia.

Cuando un esposo se vuelve consciente de que él debe ser el líder espiritual de su hogar, Dios el Padre comienza a cobrar vida para la familia completa. El fruto que viene de un hogar controlado por Jesús produce una abundante cosecha. Conozco a un hombre cuyos ojos fueron abiertos por estas verdades, y la diferencia en ese hogar fue como el día y la noche. Se dio cuenta de que si querían tener algún desarrollo espiritual y alguna consolación en Cristo, algún consuelo de amor, alguna comunión en el Espíritu, algún afecto entrañable, alguna misericordia, algún gozo en el hogar, entonces él como cabeza del hogar iba a tener que cambiar de actitud. Tendría que humillarse a sí mismo, ser obediente al principio de muerte de rendir su ego, su orgullo propio, su propia obstinación, y tomar su papel de profeta, sacerdote y rey.

Cuando comenzó a admitir ante su esposa sus errores, su indisposición para leer la Biblia en presencia de sus hijos, su indisposición para orar frente a su esposa, su vergüenza al ir a la iglesia, su desinterés general en las cosas espirituales, y cuando comenzó a hacer estas cosas con el espíritu correcto, surgió una gloriosa apertura y una maravillosa dulzura entre él, su esposa, y los niños. Luego comenzaron a considerarlo fuerte, amoroso, amable y servicial. Cuando tenía que tomar decisiones, comenzaba incluyendo a su familia en ellas o pidiéndoles que oraran por él. Se sentían necesitados e incluidos en una unidad, trabajando juntos por un propósito.

Cuando su hijo adolescente llegaba a casa con tentaciones o dificultades, fue fácil para él hablar con su padre, porque su padre le revelaba su propia incompetencia e incapacidad para salir adelante de vez en cuando, y juntos hablarían con el Señor, confesándole que la situación era demasiado para ellos y que necesitaban su ayuda.

El padre realmente comenzó a ser un padre piadoso cuando se vio como el que ayuda a su esposa y a sus hijos a crecer en el Señor, que debe animarlos y estimularlos al amor y a la dependencia de Dios, que, como profeta, debía traer refrigerio a su alma, para ayudarles a crecer en santidad, felicidad y esperanza.

"Y vosotros, padres, no provoquéis a ira a vuestros hijos, sino criadlos en disciplina y amonestación del Señor" (Efesios 5:4)

Antes, cuando uno de sus hijos quería hablar y él estaba ocupado viendo televisión o leyendo el diario o un libro, le decía al niño que fuera a jugar o a hablar con su madre. No se daba cuenta que lo que en realidad le estaba enseñando era que Dios estaba demasiado ocupado y que no tiene interés en nuestras necesidades como sus hijos.

Este padre y esposo había creído en la iglesia como algo que arruinaba sus fines de semana, su tiempo para flojear o hacer cosas más emocionantes como cazar, pescar, jugar golf, acampar, ver televisión, o ir de visita. Nunca se dio cuenta que su influencia era tan grande que sus hijos crecerían temiendo los fines de semana porque significaban que papá y mamá se meterían en un pleito por culpa de la iglesia, o ese terrible silencio cuando papá y mamá no hablaban, o cuando tenían que ir a la iglesia, pero todos se sentían infelices, porque papá mostraba una actitud miserable.

Algunos hombres en mi iglesia han comenzado a comprender lo que he estado enseñando en este librito, y para su sorpresa, han hallado que sus inestables matrimonios se han estabilizado.

Un joven cuyo matrimonio estaba en riesgo, confesó a su esposa su fracaso como esposo y luego le pidió que se arrodillara con él junto a la cama para orar juntos, tomados de las manos, pidiendo que el Espíritu Santo de Dios tomara el control de su hogar. Comenzó a darse cuenta que su familia estaba enferma debido a su fracaso al dirigirla en cosas relacionadas a la oración, la lectura de la Palabra de Dios y el estudio y la adoración junto al pueblo de Dios. Cuando una mujer tiene que insistir a su esposo que vaya con ella a la iglesia o lea la Biblia, u ore, no es bueno. El hombre, el profeta, la cabeza del hogar, debe tomar la iniciativa para que sea bueno. De lo contrario, está fuera del orden de Dios, y el hombre se rebela, y se convierte en una farsa. Así que este joven ha captado la idea de dirigir su hogar en los asuntos espirituales, y ahora todos los otros problemas y dificultades están comenzando a desvanecerse. Su esposa ha hallado un nuevo respeto hacia él; pueden ser honestos con sus sentimientos sin que eso sea una amenaza para su matrimonio; y su gozo en el Señor ha renovado ese hogar al punto que otras familias también han visto la diferencia.

Me gustaría usar las palabras de Juan, una cita bastante larga, porque creo que describe tan bien que lo ayudará para que desee responder a las ideas y principios de este libro. Los hombres son básicamente escépticos; quieren pruebas. Es verdad ahora y fue verdad en los días de Jesús. Pero él sabía cómo manejar las dudas de los hombres. Los desafiaba a intentarlo, a probar, a tratar. Para aquellos que lo hicieron, ¡qué gran bendición la de ellos! Puede ser suya hoy si está dispuesto a tratar.

> *"Cuando llegó la noche de aquel mismo día, el primero de la semana, estando las puertas cerradas en el lugar donde los discípulos estaban reunidos por miedo de los judíos, vino Jesús, y puesto en medio, les dijo: Paz a vosotros. Y cuando les hubo dicho esto, les mostró las manos y el costado. Y los discípulos se regocijaron viendo al Señor. Entonces Jesús les dijo otra vez: Paz a vosotros. Como me envió el Padre, así también yo os envío. Y habiendo dicho esto, sopló, y les dijo: Recibid el Espíritu Santo. A quienes remitiereis los pecados, les son remitidos; y a quienes se los retuviereis, les son retenidos. Pero Tomás, uno de los doce, llamado Dídimo, no estaba con ellos cuando Jesús vino. Le dijeron, pues, los otros discípulos: Al Señor hemos visto.* Él *les dijo: Si no*

viere en sus manos la señal de los clavos, y metiere mi dedo en el lugar de los clavos, y metiere mi mano en su costado, no creeré. Ocho días después, estaban otra vez sus discípulos dentro, y con ellos Tomás. Llegó Jesús, estando las puertas cerradas, y se puso en medio y les dijo: Paz a vosotros. Luego dijo a Tomás: Pon aquí tu dedo, y mira mis manos; y acerca tu mano, y métela en mi costado; y no seas incrédulo, sino creyente. Entonces Tomás respondió y le dijo: ¡Señor mío, y Dios mío! Jesús le dijo: Porque me has visto, Tomás, creíste; bienaventurados los que no vieron, y creyeron. Hizo además Jesús muchas otras señales en presencia de sus discípulos, las cuales no están escritas en este libro. Pero éstas se han escrito para que creáis que Jesús es el Cristo, el Hijo de Dios, y para que creyendo, tengáis vida en su nombre" (Juan 20:19-31).

Tomás, el incrédulo, le estaba pidiendo a Jesús sus credenciales. Tomás quería pruebas de la paz; quería evidencia tangible de que este era en realidad el Señor resucitado antes de poder creer. Esto es comprensible, es lo que los hombres hacemos. No queremos ir detrás de un hipotético ciento de pájaros volando. La mayoría de los hombres somos pragmáticos; tenemos una necesidad integrada de probar la validez de algo nuevo. La actitud de Jesús hacia Tomás fue: "Está bien, Tomás, no seas únicamente espectador. Mete la mano en mi costado; entonces cree". Cuando Tomás vio que Jesús no era una ilusión óptica, que era real, lo consideró digno de su devoción y respondió: "¡Señor mío, y Dios mío!".

La resurrección de Jesús fue real, y lo mismo puede ser cierto para usted y su matrimonio, si cree y luego actúa en fe. Jesús está perfectamente dispuesto a darnos señales. De hecho, ya ha dado grandes señales. Es tiempo ahora que usted salte de las gradas y vaya hacia el campo de juego en donde se puede involucrar en su papel como líder espiritual del hogar al ser el sacerdote, rey y profeta

Siento la emoción, y una explosión de gozo brota de mi alma cuando escucho reportes como el de un caballero que me dijo:

> "Page, nunca sospeché que la vida y el matrimonio pudieran ser tan fantásticos. Desde que llegué a esta nueva comprensión del papel del esposo como cabeza espiritual de su esposa, las cosas han comenzado a ser maravillosas en mi palacio. Soy tan feliz y en paz con el Señor, conmigo mismo y con mi familia.
>
> No voy a negar que todavía tenemos nuestras peleas, pero qué diferencia, ahora que comprendo que mi esposa fue enviada por Dios para ayudarme, no me lastima. Estoy mucho más seguro en mi matrimonio, puedo expresar con toda honestidad mis corazonadas más profundas con mi esposa, y aunque algunas veces ella reacciona con enojo, he aprendido a salir adelante, a mantenerme ahí sin sentirme amenazado. ¡Vaya! Ese horror que acostumbraba sentir con las finanzas, se ha ido. Simplemente no tengo que esperar nerviosamente o inquietarme y sentirme molesto con mi esposa con cosas como "No compres esto", o "No vayas allí". Puedo relajarme y confiar que el Señor suplirá nuestras necesidades financiaras después de que mi esposa y yo nos hemos arrodillado junto a la cama y orado al respecto juntos con el Señor.

Y, vaya, no creería los problemas sexuales que teníamos: cada noche un fastidio y una pesadilla. Ahora desde que mi esposa ha desarrollado tan grande respeto por mí al yo tomar las riendas de la vida familiar, parecería que no puede mostrarme suficiente de su amor y afecto. Es casi como ese sentimiento que teníamos cuando recién nos casamos. Y tengo mucha libertad ahora que mi esposa ya no tiene que estar sospechando de mis actos porque sabe que soy fiel. No hay más encubrimiento; todo está a la vista; y no nos preocupamos y disfrutamos de nuestra mutua compañía.

Si hago algo mal, le digo. Lo resolvemos y avanzamos, y ella hace lo mismo conmigo. No nos importa exponernos uno al otro, incluso aunque a veces duela, porque hay una confianza básica y el amor que nos sostiene en el Espíritu. Y hemos aprendido cuán dulce es ser honestos en nuestros sentimientos. He aprendido no solo a decir lo que pienso, sino que he aprendido cómo manejar la retroalimentación de mi esposa, lo cual a menudo resulta ser una experiencia verdaderamente emocionante. Hay menos y menos momentos insípidos en nuestro hogar, y parece que siempre tenemos momentos de silencio tiernos y preciosos, sabiendo que Jesús está presente y compartiendo nuestro amor mutuo. Debo confesar que nunca soñé que la vida pudiera ser tan significativa y maravillosa mientras aprendía a cambiar mi actitud. Con Cristo como la cabeza de nuestro hogar, he aprendido a confiar en sus promesas y a reclamar sanidad para mi familia, y sabiduría para las decisiones.

> Page, podría seguir y seguir, pero quiero agradecerte por introducirme a los días más felices de mi vida, pues los he encontrado al ser libre de mí mismo y estar pegado a Jesús, la fuente de vida. Él no me ha decepcionado todavía, y en su gracia he hallado que mi esposa es una verdadera compañera, perfectamente adecuada para todas mis necesidades. Ella estuvo ahí todo el tiempo, y casi me perdí el más grande mensaje de nuestro día: 'Hombres, háganse un favor y amen a sus esposas'".

Me complace mucho cuando los hombres cambian su actitud acerca del Señor, de ellos mismos y de sus esposas como este joven ha hecho y espero que miles más lo hagan en los días venideros. Es mi oración que usted esté entre ellos.

Este libro ha sido escrito para que usted pueda creer en Jesús y en su forma de establecer un hogar. Al hacerlo así, estará verdaderamente haciéndose un favor al amar a su esposa en la misma forma en que Jesús amó a la iglesia y se entregó a sí mismo por ella.

> *"Grande es este misterio; mas yo digo esto respecto de Cristo y de la iglesia. Por lo demás, cada uno de vosotros ame también a su mujer como a sí mismo; y la mujer respete a su marido"* (Efesios 5:32-33).

Dios se complace tanto cuando usted se convierte en el profeta, el sacerdote y el rey de su propio hogar. Dios se complace tanto con eso, que nunca, nunca permitirá que el hogar se divida, se separe o se destruya, mientras usted cumpla la responsabilidad divinamente ordenada que Dios le ha dado.

Cuando usted cumple con el orden divino, Dios honra y hace gozoso el hogar, un lugar seguro, emocionante y placentero para cada miembro de la familia. Dios cuida del hogar y lo vuelve divino.

> *"Y hallarás gracia y buena opinión ante los ojos de Dios y de los hombres. Fíate de Jehová de todo tu corazón, y no te apoyes en tu propia prudencia. Reconócelo en todos tus caminos, y él enderezará tus veredas"* (Proverbios 3:4-6).

Y confío, Señor, que el honor, la paz y la gloria vendrán a mi hogar mientras comienzo a cumplir con tu orden divino, es decir, tú, Señor, como mi cabeza, yo como cabeza de mi esposa, y yo y mi esposa como cabeza de nuestros hijos. Señor, estoy dispuesto ahora a someter mi voluntad a la tuya, y te agradezco por la paz que sobrepasa todo entendimiento. A Dios sea la gloria. ¡Alabado sea el Señor!

En el nombre de Cristo Jesús,

Amén, y amen.